ÉNERGIE 4

méthode de français eso

cahier d'exercices

Santillana
FRANÇAIS

TABLE DES MATIÈRES

Retrouvailles

COMPRENDRE ET ÉCRIRE

1 **Lisez ces devinettes et essayez de trouver la réponse.**

1 Qu'est-ce qu'on retrouve une fois par minute, deux fois par moment, mais jamais le lundi ?

_____

2 Je suis au début de la nuit, à la fin du matin et deux fois dans l'année. Qui suis-je ?

_____

3 Quel jour était-on hier, si jeudi était quatre jours avant après-demain ?

4 Quelle est la chose dont tous les sages, quelle que soit leur religion ou leurs idées politiques, s'accordent pour dire qu'elle est entre ciel et terre ?

_____

5 Si je sais que je l'ai et qu'on me dit que je ne l'ai pas, je risque de la perdre. Qui suis-je ?

_____

6 Si on me laisse faire, je dévore. Si on me donne à boire, je meurs. Qui suis-je ?

_____

7 On peut me briser rien qu'en prononçant mon nom. Qui suis-je ?

_____

8 Ajoute les mêmes lettres et dans le même ordre, devant et à la suite des lettres déjà écrites et tu obtiendras un mot.

_ _ DULATI _ _

9 Si tu trouves le passage, alors je t'apparais. Tu pourras me garder ou bien me partager. Mais si tu me partages, alors je disparais.

_____

2 **Vérifiez vos réponses en cherchant les différentes solutions dans cette liste.**

VENDREDI – LE FEU – ONDULATION – LE MOT « ET » – LE SECRET – LA RAISON – LA LETTRE « N » – LE SILENCE – LA LETTRE « M »

3 **À chaque rentrée scolaire, on prend de bonnes résolutions. Lisez celles-ci et cochez d'une croix celles que vous avez envie de prendre et avec un cercle celles que vous n'avez pas l'intention de prendre. Ensuite, comparez avec vos camarades.**

1) Me consacrer à mes études, mieux organiser mon temps.	
2) Moins sortir, moins m'amuser.	
3) Moins regarder la télé et moins surfer sur le Net.	
4) M'engager dans une association (écologiste, d'étudiants…).	
5) M'occuper davantage des autres.	
6) Moins me plaindre : essayer de résoudre mes problèmes.	
7) Commencer à suivre des cours de chant, de théâtre, faire du sport…	
8) Vivre plus sainement : dormir davantage, manger des produits naturels.	
9) Ranger ma chambre une fois par semaine.	
10) Dire sans crainte ce que je pense et ce que je ressens.	

Écrivez d'autres bonnes résolutions que vous avez prises pour cette année scolaire.

_____

_____

_____

4 Appliquez ces conseils de Léonard pour utiliser au mieux vos ressources personnelles.

ℒes 7 habitudes à prendre pour développer son intelligence :

1. Être curieux / euse de tout, chercher à apprendre en toutes occasions.
2. Développer sa sensibilité, entraîner tous ses sens.
3. Démontrer ou vérifier tout par l'expérimentation.
4. Comprendre que toutes les choses sont en rapport les unes avec les autres.
5. Cultiver le corps en même temps que l'esprit.
6. Accepter l'inconnu, le « sfumatu », comme l'a appelé Léonard.
7. Équilibrer arts et sciences dans sa vie, logique et imagination.

5 Comment peut-on appliquer ces règles à l'apprentissage d'une langue étrangère ? Écrivez le numéro correspondant à chaque règle donnée par Léonard de Vinci, devant les activités suivantes. (Plusieurs réponses sont possibles.)

	N°
a) Souligner les exercices qui me semblent les plus difficiles.	
b) Analyser les détails d'un texte ou d'une phrase.	
c) Chanter en français.	
d) Comprendre les rapports entre deux formes verbales.	
e) Improviser à l'oral, parler spontanément.	
f) Continuer à écouter, même si je ne comprends pas tout.	
g) Exprimer sans crainte ce que je ressens.	
h) Me demander comment fonctionne une phrase ou un verbe.	
i) Vérifier dans une grammaire ou dans un dictionnaire, si je n'ai pas fait d'erreurs.	
j) Me jeter à l'eau et parler à un touriste français.	
k) Faire des hypothèses de sens quand je lis un texte et que je ne connais pas certains mots.	
l) Essayer de comprendre une conversation entre deux Français, saisir ce que je peux.	
m) Trouver des idées, écrire des textes et, en même temps, raisonner sur mes erreurs.	
n) Lire à haute voix en marchant.	

Galerie de personnages célèbres

1 **Complétez ces informations avec *c'est, il est* ou *elle est*.**

1) _C'est_ Hergé.

_____ un dessinateur.

_____ belge.

_____ un grand dessinateur de B.D.

_____ le créateur de Tintin.

2) _____ Anne Frank.

_____ une jeune fille juive.

_____ née en 1929.

_____ morte en 1945 dans un camp de concentration.

_____ une victime du nazisme. Elle a écrit un journal.

3) _____ Molière mais son vrai nom, _____
Jean-Baptiste Poquelin.

_____ né en 1622, à Paris. _____ un des
grands noms du théâtre français.

_____ acteur et metteur en scène.

_____ aussi l'auteur de nombreuses pièces de
théâtre : *Tartuffe, Les Femmes savantes,* etc.

_____ mort sur scène, en 1673, pendant
la représentation du *Malade imaginaire.*

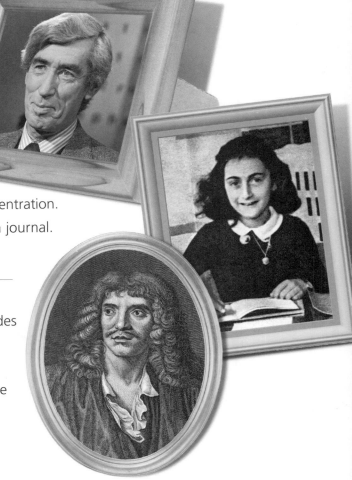

2 **Masculin ou féminin ? Écoutez et soulignez la phrase que vous entendez.**

1) a) C'est un espion hollandais.

   b) C'est une espionne hollandaise.

2) a) C'est un aventurier italien.

   b) C'est une aventurière italienne

3) a) C'est un physicien russe.

   b) C'est une physicienne russe.

4) a) Vous êtes la célèbre pianiste polonaise.

   b) Vous êtes le célèbre pianiste polonais.

5) a) J'ai connu un photographe américain très intéressant.

   b) J'ai connu une photographe américaine très intéressante.

3 Complétez cette fiche à l'aide des mots suivants : *égyptienne, jeune, égyptiens, français, découverte.*

Jean-François Champollion

Nom : Champollion
Prénom : Jean-François
Nationalité : française
(Figeac 1790 - Paris 1832)

Égyptologue _____. Très _____, il se passionne pour l'archéologie et les hiéroglyphes _____.
Il travaille pendant dix ans pour déchiffrer les hiéroglyphes de la pierre de Rosette, _____ pendant la campagne de Napoléon en Égypte. Grâce à lui, on a pu déchiffrer l'écriture _____.

4 Complétez ce dialogue entre Champollion et Abdul Kabir.

Quel est _____ ?

Champollion.

Et _____ ?

Jean-François.

Non, je suis français.

Vous _____ ?

_____ ?

le mot de passe ?

Égyptologue, historien.

C'est bon, vous pouvez passer !

5 Découvrez le mot de passe en déchiffrant les hiéroglyphes.

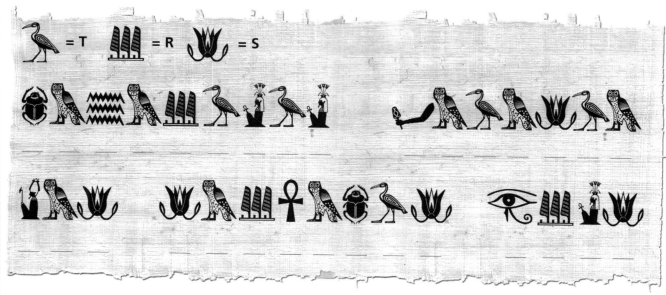

= T   = R   = S

Qui est qui ?

1 **Observez ces personnages et complétez les descriptions de leurs attitudes.**

> tête • œil • poings • ~~yeux~~ • torse • épaules • buste • mains •
> bras • pieds • dos • cou • menton • sourcils • ventre • bras • coudes

1) La timide : Elle baisse les *yeux*. Elle marche les _____ en dedans. Elle rentre la _____ dans les _____. Elle croise les _____ derrière son _____.

3) La prétentieuse : Elle lève le _____, elle hausse les _____, elle rentre le _____, elle se tient bien droite, elle croise les _____, elle sourit rarement.

2) Le copieur : Il allonge le _____, il penche le _____, il surveille le prof du coin de l'_____, toujours attentif.

4) Le bagarreur : Il bombe le _____, il écarte les _____, il met les _____ en arrière, il serre les _____.

2 **Mettez ces phrases au féminin.**

1) Mon ami est doux, silencieux, calme et toujours souriant.
   Mon amie est douce, ...
   _____

2) Ces garçons sont râleurs mais sympathiques.
   _____

3) Il est créatif et persévérant. C'est un intellectuel.
   _____

4) C'est un garçon honnête, franc et très généreux.
   _____

3 **Complétez ces phrases.**

1) Elle a des idées géniales. Elle est très _créative_ .

2) Elle n'aime pas parler de sa vie privée. Elle est _____ .

3) Elle voit tout en noir. Elle est assez _____ .

4) Elle rougit tout le temps parce qu'elle est _____ .

5) Elle donne tout et ne demande rien. Elle est vraiment _____ .

6) Elle aime bien se maquiller. Je crois qu'elle est très _____ .

7) Elle est toujours dans la lune. C'est une _____ .

4 **Complétez ce tableau avec les adjectifs que vous connaissez.**

Le masculin et le féminin des adjectifs

M = F	*honnête,*
F = M + -e	*impatient / impatiente,*
F = M + double consonne + -e	*bon / bonne,*
-eur / -euse	*menteur / menteuse,*
-eux / -euse	*heureux / heureuse,*
-f / -ve	*pensif / pensive,*
autres	*nouveau / nouvelle, doux / douce,*

5 **Soulignez les adverbes et entourez les adjectifs.**

1) Elle chante très bien. C'est une bonne chanteuse.

2) Elle a mal compris. Elle a fait une mauvaise interprétation.

3) Allez plus vite. Vous êtes trop lents.

4) Comme il est très fort, il a lancé la balle trop fort.

5) Elle est vraiment bonne, ton histoire ! Nous avons bien ri !

6) Fais bien ton travail et tu auras de bons résultats.

7) Cher ami, ce restaurant est trop cher !

8) Vous êtes complètement fous ! N'entrez pas, c'est complet !

6 Complétez librement ces phrases avec les adverbes de la boîte à mots. Il peut y avoir plusieurs réponses.

> très • assez • beaucoup • trop • tellement • vraiment • (un) peu • bien

1) À mon avis, tu conduis _très / assez_ bien, mais tu roules _____ vite.

2) Quand elle est _____ fâchée, elle me fait _____ peur !

3) Je suis _____ enrhumée et je ne peux pas _____ respirer.

4) Je n'ai pas _____ dormi cette nuit. Il y avait _____ de bruit.

5) En classe, je suis _____ silencieux. À la maison, je suis _____ bavard.

6) J'aime _____ voyager. Je suis _____ aventurier…

7) Le prof de maths est _____ intéressant. J'aime _____ ses cours.

8) Je suis _____ seule. Tu me manques _____ .

9) Nous travaillons _____ et nous ne gagnons pas _____ d'argent.

10) Chez ma mamie, on mange _____ bien, _____ bien, même !

7 Complétez ces séries de phrases avec des adverbes. Attention, chaque série augmente en intensité !

1) Il parle fort.

Il parle _très fort_ .

Il parle _____ .

Il parle _____ .

2) Tu es _____ .

Tu es _____ .

Tu es vraiment bien.

Tu es _____ .

3) On dort _____ .

On dort assez.

On dort _____ .

On dort _____ .

4) Elle n'est pas sympa.

Elle est _____ sympa.

Elle est _____ sympa.

Elle est _____ sympa.

Voyage, voyage...

1 Écoutez la chanson et complétez-la.

Je m'en vais au Canada.

Je n'sais pas

S'il fait _chaud_, s'il fait _____.

Alors, dans mon sac _____

J'ai mis tout ce qu'il faut :

Un gros pull _____,

Une _____ indienne,

Trois tee-shirts _____,

Des chaussures _____,

Une veste _____,

Une _____ vert fluo,

Ma plus belle _____,

Quatre paires de _____,

Une petite robe _____

Et une photo de toi...

Je m'en vais à Miami

Tout seul et sans amis.

Pour ne pas m'_____

J'_____ ce qu'il fallait :

L'_____ numérique,

Des rollers _____,

Ma belle planche _____,

Mon vieux _____ bleu pâle,

Mes _____ préférés,

Mes _____ meilleurs CD,

Des _____ d'ordinateur,

Un bermuda _____,

Mon paréo _____

Et une photo de toi.

2 Écoutez le dialogue et complétez cet extrait.

● Voyons... _Combien mesure_ votre valise ?

■ Ffffff... Je ne sais pas, moi... Elle _____ grande... _____...

● Valise d'un mètre _____... Mmm... Bon, _____-elle ?

■ Heu... Quatorze _____... Attendez, attendez, _____ _____. Elle est lourde ! Peut-être 20 kilos...

● Quinze kilos _____. Mmmm... Bon, elle est de _____ ?

■ D'un bleu... vous savez... _____... un peu gris avec des...

● Valise bleue... plus ou moins... Elle est _____, votre valise ?

■ Non, c'est une valise _____ avec des...

● C'est une valise _____ ?

■ Heu, oui... _____... mais un peu _____, elle a aussi des roues parce que...

● _____ ce qu'il y a à l'intérieur ?

■ Laissez-moi réfléchir... À part mon agenda et mes bijoux, il y a une veste _____ cuir marron foncé, un bonnet _____ fourrure synthétique bleue, une paire de _____, un pyjama avec des petits cœurs, des pantoufles, un petit fer _____ repasser... Je ne sais pas moi, quelques souvenirs de mon voyage... une _____ de statue porte-bonheur... euh... une _____ de coussin pour porter _____ sur la tête...

3 Objets perdus. Lisez ces annonces et complétez-les.

1 Perdue hier soir, dans la rue Vermont, bague _____ or très _____ ancienne, avec une grosse perle _____.

2 Perdu le doudou de mon petit garçon. Il s'agit d'une tête d'ours avec un corps _____ tissu doux et quatre pattes. Cet ours est de _____ beige.

3 Perdu lion brun _____ peluche très souple. Il mesure _____ 25 cm.

4 PERDU UN SAC _____ DOS BLEU _____ AVEC UNE _____ DE BASKETS _____, DES CHAUSSETTES _____, LAINE ET _____ RAQUETTE _____ TENNIS.

5 Perdu sac _____ cuir noir. Son contenu : un trousseau de 4 clés avec un porte-clés _____ plastique, un plan _____ Paris, _____ lunettes _____ soleil, un petit porte-monnaie _____ et un portefeuille _____ tissu brodé.

6 Perdue petite valise enfant _____ roulettes bleue _____ jaune marquée Tarzan contenant _____ vêtements d'enfants et _____ cahiers _____ classe.

7 Perdu dossier noir _____ plastique _____ livre et cahier de 1re année _____ solfège.

4 JEU DE LOGIQUE.

Marc a pris un livre de 169 pages et a arraché toutes les pages qui avaient un numéro contenant au moins un 6. Parmi les pages qui restaient, Léa a arraché celles qui contenaient un 5. Combien de feuilles Léa a-t-elle déchirées ?

À chacun son sommeil

Chacun est comme il est, et l'important, pour bien dormir, comme pour bien marcher, c'est de connaître sa pointure et de la respecter. Napoléon dormait très peu la nuit. Einstein, par contre, avait besoin de ses 10 heures de sommeil. Edison, lui, dormait peu la nuit, 4 ou 5 heures, mais faisait beaucoup de pauses-repos dans la journée. La longueur du cycle de sommeil appartient à chacun de nous comme la couleur de nos yeux.

Il faut dormir autant qu'on en a besoin ; ce besoin est toujours individuel et doit se répartir sur 24 heures. Se priver de sommeil, c'est aussi pénible que de marcher avec des chaussures trop petites ; vouloir trop dormir, c'est aussi inconfortable que de marcher avec des chaussures trop grandes.

Vive le sommeil, Jeannette Bouton et Dr Catherine Dolto

Questionnaire privé

À garder secret, si l'on préfère... Cochez d'une croix.

1) Vous dormez...

a) moins de 8 heures ☐
b) entre 8 et 10 heures ☐
c) plus de 10 heures ☐

2) Êtes-vous... (cochez deux cases)

a) un(e) couche-tôt ☐
b) un(e) couche-tard ☐
c) un(e) lève-tôt ☐
d) un(e) lève-tard ☐

3) Quelle est votre position préférée pour vous endormir ?

a) à plat ventre ☐
b) sur le dos ☐
c) sur le côté ☐

4) Quel lit préférez-vous ? (cochez deux cases)

a) dur ☐ ⟷ b) mou ☐
c) haut ☐ ⟷ d) bas ☐

5) Vous dormez...

a) avec un oreiller ☐
b) sans oreiller ☐

6) Quels sont, pour vous, les meilleurs repères de la nuit ?

a) le tic-tac du réveil ☐
b) le cri de la chouette ☐
c) le ronron du frigidaire ☐
d) l'odeur familière de l'oreiller ☐
e) le parfum de la maison ☐
f) la douceur d'une peluche ☐

7) Comment vous réveillez-vous ?

a) de bonne humeur ☐
c) l'œil vif ☐
e) lucide ☐
⟷
b) de mauvaise humeur ☐
d) le regard éteint ☐
f) l'esprit lent ☐

L'ORIGINE DES NOMS DE FAMILLE

1 Formez des couples ! Mariez-les avec humour !!!

Lavoie-Ferré,

ORTHOGRAPHE

Les adjectifs de couleur
- Ils s'accordent généralement en genre et en nombre avec le nom qu'ils accompagnent.
  Des valises bleues, des chaussettes rouges, jaunes et noires.
- Les adjectifs qui sont à l'origine des noms communs sont généralement invariables.
  Des jupes orange, des yeux marron.
- Les adjectifs composés qui indiquent une nuance dans la couleur sont invariables.
  Une chemise bleu clair. Des pantalons vert foncé.
  Exception : *rose(s), violet(te)s.*

2 Entourez les adjectifs de couleur qui sont invariables.

1) blanc	5) gris foncé	9) bleu turquoise	13) violet	17) vert olive
2) blanc cassé	6) jaune	10) bleu électrique	14) rose bonbon	18) vert fluo
3) noir	7) jaune citron	11) rouge	15) vert pistache	19) kaki
4) gris clair	8) orange	12) bordeaux	16) bleu pâle	20) chocolat

3 Accordez les adjectifs entre parenthèses, si nécessaire.

1) M. Leclerc porte toujours des couleurs très ___*sombres*___ (sombre). Ce matin, il avait un blouson et un pantalon _____ (noir), une chemise _____ (bleu foncé) et une cravate _____ (noir) et _____ (blanc).

2) Amélie, c'est la fille qui a de _____ (long) cheveux _____ (blond) toujours _____ (attaché) en queue de cheval et des yeux _____ (violet) magnifiques.

3) Il est apparu au dîner d'entreprise avec des chaussettes à rayures _____ (rose) et _____ (blanc), un bermuda _____ (bleu) et une chemise _____ (jaune) à pois _____ (turquoise). Il est un peu excentrique, ce garçon !

Atelier d'écriture

Faire le portrait de quelqu'un

4 **Lisez la description de chaque personnage, puis indiquez la lettre de l'illustration qui lui correspond.**

1) Elle est très mince. Elle a toujours la même coiffure : une espèce de chignon derrière la nuque. Elle a un air aristocratique. Elle se tient très droite et marche la tête haute. ☐

2) C'est un homme très athlétique… Il a les cheveux assez courts, une moustache et des lunettes. D'habitude, il porte un costume. Son ordinateur portable ne le quitte jamais. ☐

3) Elle est grande et très distinguée. Ses cheveux blonds sont mi-longs et frisés. Elle pourrait être professeur ou bibliothécaire car elle transporte toujours des livres et un énorme sac. ☐

4) Il a les cheveux châtains, coupés en brosse. Il a l'air très sûr de lui ; quand il marche, il fait des grands pas. Il est toujours bronzé et il n'enlève jamais ses lunettes de soleil. ☐

5) On ne voit pas très bien ses yeux à cause de ses cheveux. Il porte des jeans délavés, des baskets et un énorme pull. C'est un jeune garçon qui adore les animaux. ☐

6) C'est un monsieur qui n'est plus très jeune et qui porte une veste imprimée et une cravate unie. Il a une belle moustache et des cheveux assez longs. ☐

7) C'est une jeune fille. Elle est blonde. Elle a les cheveux raides et une petite frange. Elle ne porte jamais de jupes et a une grande collection de casquettes. Elle se balade toujours en compagnie de son petit chien. ☐

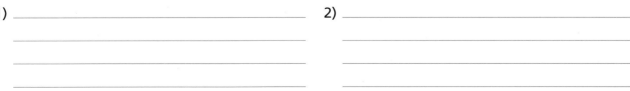

5 **Faites la description de ces deux personnages.**

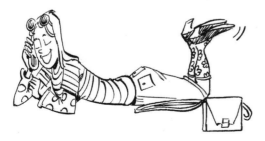

1) _____

_____

_____

_____

2) _____

_____

_____

_____

TEST DE COMPRÉHENSION ORALE !!!

PUBS

1 À quel message publicitaire correspond chaque photo ? Attention, il y a des intrus !

Message 1 : photo ——— **Message 2 :** photo ——— **Message 3 :** photo ——— **Message 4 :** photo ———

Score ⁄ 8

2 Écrivez le nom de chaque produit annoncé, puis choisissez dans la boîte à mots les expressions qui servent à le caractériser.

pétillante • plaisante • jeune • réussie • fortifiantes • revitalisantes • superbe • le top •
faciles à prendre • pour ceux qui ont des rêves • pour une longue vie paisible • aux fruits

Message publicitaire 1 :

Produit : _____

Caractéristiques : _____

_____

Message publicitaire 2 :

Produit : _____

Caractéristiques : _____

_____

Message publicitaire 3 :

Produit : _____

Caractéristiques : _____

_____

Message publicitaire 4 :

Produit : _____

Caractéristiques : _____

_____

Score ⁄ 12

Score total ⁄ 20

POUR FAIRE LE POINT !

C'EST OU IL / ELLE EST

1 **Complétez les informations que Florian donne sur son boa.**

Voilà Shakira, _____ mon animal de compagnie.

_____ un boa constrictor qui vient des Caraïbes.

_____ un animal inoffensif.

_____ merveilleux, il a des couleurs fantastiques.

_____ beau, élégant, silencieux.

_____ mon compagnon de jeux.

_____ un cadeau de mes parents pour mon anniversaire.

_____ moi qui m'occupe toujours de lui.

Je crois qu'_____ intelligent et _____ sûr qu'il me comprend quand je lui parle…

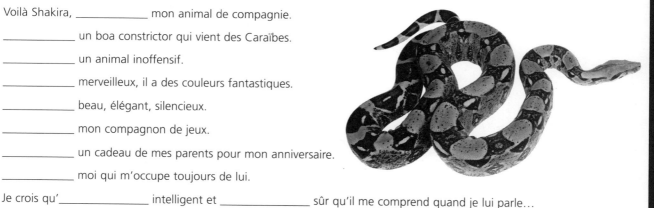

Score / 10

L'IMPARFAIT

2 **Utilisez à chaque fois une expression différente pour indiquer que ces données sur Shakira sont approximatives.**

1) Il pèse _____ 10 kg.

2) Il mesure _____ 2 m.

3) Il est _____ grand.

4) Il est _____ souple.

5) Il dort _____ 10 heures.

Score / 5

LES ADVERBES

3 **Complétez avec des adverbes ce questionnaire sur les habitudes de Shakira.**

1) Il mange beaucoup ou _____ ?

2) Il se fâche souvent ou _____ ?

3) Doit-il manger _____ par jour ?

4) Il est vraiment _____ dangereux ?

5) Il se déplace _____ ou rapidement ?

Score / 5

PRÉSENTER QUELQU'UN PAR ÉCRIT

4 **À partir des données suivantes, faites la description de ce personnage célèbre.**

Bernhardt (Rosine Bernard, dite Sarah)
Actrice française
Paris, 1844 – Paris, 1923
Une des actrices les plus réputées dans le monde.
Belle, originale et passionnée.
Surnommée « La Divine ».
Crée sa propre compagnie en 1880 et triomphe
dans le monde entier.
L'actrice idéale de 1870 à 1900.
Amputée d'une jambe à 70 ans, elle continue
à jouer.

_____
_____
_____
_____
_____
_____
_____
_____

Score / 10

Score total / 30

À la gare

1 **Écoutez et complétez ces mini-dialogues à l'aide de la boîte à mots.**

> ~~aller simple~~ • à destination • s'il vous plaît • arrivée • fait • distributeur • pièce •
> retour • à temps • gare • vérifier • quai • bagages • départ • voyageurs • au bar •
> chariot • composter • raté • billet

1) • Je voudrais un *aller simple* pour le TGV de 20 h 20 à destination de Marseille, s'il vous plaît.

   ■ Un billet pour le TGV Paris-Marseille, _____ à 20 h 20, _____ à Marseille

   à 23 h 34. Ça _____ 120 €. Voilà votre _____, monsieur. Bon voyage !

2) • Oh, zut ! ce _____ ne marche pas !

   ■ Tu as essayé avec une _____ d'un euro ?

   • Oui, et je n'ai pas eu ma canette... allons _____, j'ai très soif.

3) • Pardon, monsieur, j'ai _____ le dernier train et je n'ai pas d'argent pour mon billet

   de _____. Vous n'auriez pas une pièce d'un euro à me donner ?

4) • Tu peux m'aider à porter mon sac, s'il te plaît ?

   ■ Écoute, je n'en peux plus, prenons un _____...

   ▲ « Le train en provenance de Lyon va bientôt entrer en _____, quai numéro 3 ».

   • Notre train est déjà sur le _____, on n'a pas le temps. Je te l'avais bien dit,

   ne prends pas trop de _____, rien que le strict nécessaire.

5) • Finalement, on est arrivés juste _____ ! C'était pas évident !

   ▲ « Le train _____ de Bruxelles est situé quai numéro 2, quai numéro 2.

   Mesdames et messieurs les _____ sont priés de se rendre sur le quai numéro 2. »

6) • Monsieur, nous n'avons pas eu le temps de _____ nos billets ! Est-ce que nous

   pouvons monter directement dans le train ?

   ■ Faites voir vos billets, _____. Mais… ces billets ne sont pas pour

   aujourd'hui. Nous sommes le 17 et ces billets étaient pour le 15 !

   ♦ Je te l'ai dit cent fois, il faut tout _____ ! Ce n'est pas possible ! Qu'est-ce qu'on

   va faire maintenant ?

2 Reliez les repliques qui correspondent.

1 Merci de m'avoir aidé avec ma valise ! —•
2 Aïe ! Tu m'as marché sur le pied ! —•
3 Je vous emmène en voiture ? —•
4 J'ai passé une excellente soirée avec toi. Merci mille fois. —•
5 Pardon. —•
6 Que tu es beau avec ce chapeau ! —•
7 Je vous sers du thé ? —•
8 Ça vous gêne si on ouvre la fenêtre ? —•
9 Asseyez-vous, madame. —•
10 Vous pouvez m'aider à traverser ? —•

•— A Après vous, madame !
•— B Bien sûr, volontiers.
•— C Merci, c'est gentil.
•— D Je suis désolé ! Je t'ai fait mal ?
•— E Merci, j'adore les compliments.
•— F C'est moi qui te remercie.
•— G Non, c'est bien d'ouvrir un peu. Il fait chaud ici.
•— H Oui, merci, ça me fera du bien.
•— I Non, merci, j'adore marcher.
•— J Je vous en prie.

3 Remplissez les bulles à l'aide des expressions de l'exercice précédent.

4 Dites le contraire, comme dans les exemples.

Ne te couche pas sur le lit ! → *Couche-toi sur le lit !*
Lève-toi ! → *Ne te lève pas !*

1) Réponds-moi immédiatement ! → _____
2) Ne t'assieds pas sur la table ! → _____
3) Ton sac, mets-le ici ! → _____
4) Attends-le une heure de plus ! → _____
5) Ferme-la, cette porte ! → _____
6) Ne le laisse pas par terre ! → _____

Un mariage au Mexique

1 Après son retour du Mexique, Isabelle rencontre un copain. Complétez leur conversation à l'aide de la boîte à mots. (Attention aux temps !) Ensuite, écoutez et vérifiez.

> être • croire • ~~avoir~~ • terminer • excuser • se marier • revenir • aller • être •
> se marier • avoir • montrer • faire • bronzer • avoir

- Salut, Théo !
- Ah ! Isabelle !!! ça va ? Tu _as_ l'air en pleine forme ! Tu _____ toute bronzée ! Au mois de novembre ! Comment ça se _____ ?
- Eh bien, il y a 15 jours, je _____ au mariage de ma sœur.
- Depuis quand on _____ aux mariages ?
- Ah ! Laisse-moi _____ !!!
- Tu as raison, _____-moi… Alors ?
- Ma sœur _____ au Mexique avec un Mexicain…
- Tu _____ du Mexique !!! Oh, raconte, comment c'était ?
- C'_____ génial ! C'est un pays fantastique !
- Et le mariage ?
- Fabuleux et très romantique… Ils se _____ au coucher du soleil, sur la plage… et après, il y _____ un groupe de mariachis…
- Oh ! tu me _____ les photos, un de ces jours ?
- Bien sûr… Attends, je _____ que j'en _____ une. Voilà… elle, c'est ma sœur… ses beaux-parents, sa belle-sœur, son mari, Luis…

2 Qui est qui ? Complétez cet arbre généalogique.

1) Laura a trois sœurs.
2) Marie a quatre enfants.
3) Laurent est le fils de Thomas.
4) Hélène est la petite-fille de Mireille.
5) Sophie est la femme de Christophe.
6) Thomas est le grand-père de Théo.
7) Christophe est le gendre de Thomas.
8) Léo est le neveu de Laurent.
9) Laurent est le beau-frère de Christophe.
10) Léo et Théo sont les neveux de Marie.
11) Thomas est le beau-père de Christophe.
12) Lola, Sonia, Hélène et Laura sont les nièces de Sophie.

3 **Complétez ces mini-dialogues à l'aide d'une expression de cause.**

> parce que • car • puisque • comme • à cause de la / du / des

1) • Pourquoi sont-ils partis si tôt ?
   ■ *Parce qu'* ils devaient prendre l'avion à 5 heures.

2) • Non ! Je ne veux pas de légumes !
   ■ Bon ! _____ tu ne veux pas de légumes, mange des fruits, au moins !

3) • Pourquoi vous ne m'avez pas téléphoné ?
   ■ _____ vous ne m'avez pas donné votre numéro de téléphone !

4) • Tu vas partir en train ?
   ■ Finalement, non. _____ Léa va prendre sa voiture, je préfère partir avec elle.

5) • Ils ont eu une bonne note à l'examen ?
   ■ Je crois que oui _____ ils sautent de joie !

6) • Tu as des nouvelles de ton frère ?
   ■ Non ! Je lui ai envoyé un e-mail mais, _____ il ne m'a pas répondu, je ne sais rien de lui.

7) • Tu as trouvé ton dossier ?
   ■ Non, c'est impossible _____ désordre.

8) • Qui prépare la salade ?
   ■ _____ je n'ai rien d'autre à faire, c'est moi qui la prépare !

4 **Dites autrement.**

1) Il n'est pas venu parce qu'il est malade. *Comme il est malade, il n'est pas venu.*

2) Comme c'est samedi, elle se lève tard. _____

3) Nous avons ri car le film était très amusant. _____

4) Elles ne prennent pas leur veste car il fait très beau. _____

5) Comme il pleuvait, je ne suis pas allé à la plage. _____

6) Il ne sort plus à cause de ses examens. _____

5 **JEU DE LOGIQUE.**

Un homme regarde un portrait. Quelqu'un lui demande : « Que regardez-vous ? » Il répond :
« Je n'ai pas de frère ni de sœur mais les fils de cet homme est le fils de mon père. »
De qui regarde-t-il le portrait ?

Aux puces de Montreuil

1 Remplissez les bulles à l'aide de ces phrases. Ensuite, écoutez et vérifiez.

Monsieur, je peux voir ces bottes ? • C'est vraiment affreux ! • Mais... voyons, ma chérie, •
Lesquelles, mademoiselle ? • tu ne vas pas acheter ça ?! • C'est mon anniversaire ! •
Mais mam... • Oh, les belles bottes, géniales !!! • Celles-là ?

2 Complétez ces dialogues. Ensuite, écoutez et vérifiez.

1) • Regarde, qu'est-ce _____ sont belles, celles-ci !

■ Ma-gni-fi-ques... _____ couleur !!!

♦ Eh, eh ! Ne touchez pas ! C'est interdit ! Vous _____ l'écriteau ? Il est grand, pourtant !!!

2) • Pardon M., _____ ce vieux bureau ?

■ _____ ? Celui-ci ? 180 €, une véritable affaire.

• Non, non. C'est _____ pour moi...

■ Allez... vous êtes _____, je vous fais un prix d'ami.

• Oh, vous savez... même avec _____, c'est toujours trop cher pour moi.

3 Complétez ces phrases en utilisant un pronom démonstratif.

1) Ce film est intéressant, mais _celui-là_, il est génial !

2) Cette chemise n'est pas mal, mais _____ est plus jolie.

3) Ces bonbons sont très bons et _____ aussi.

4) Cet appareil est très ancien, _____ est plus moderne.

5) Ces tableaux-ci sont très beaux, mais je préfère _____.

6) Ces disques sont en vinyle et _____ sont en plastique.

7) Cet ordinateur est mieux que _____ ; en plus, il est meilleur marché.

8) Cette robe-ci est plus large que _____ ; je m'y sens mieux.

9) Change de parfum, _____ ne sent pas bon.

4 Révision des pronoms. Observez les illustrations, puis complétez ces phrases pour savoir de quoi on parle.

1) • Chéri, _lequel_ tu aimes le mieux ? Celui qui a

des zips ou _____ a des poches ?

■ Ça m'est égal, tu sais bien que ce n'est pas mon style.

blousons

2) • _____ vous va très bien, Madame, prenez-le.

En plus il est de très bonne qualité.

3) • Goûtez-les, ils sont délicieux, surtout

_____ ont des noisettes.

■ Mmmm ! Vous avez tout à fait raison !

4) • _____ préférez-vous ? Celui-ci ? Celui-là ?

■ Donnez-moi _____, il est plus doré que l'autre.

5) • Vous ne voulez pas essayer celles-ci ?

■ _____ ? Celles qui ont des lacets ?

• Oui, _____ sont vraiment confortables.

6) • Lesquelles me conseillez-vous d'acheter ?

■ Prenez _____, elles sont très sucrées,

elles viennent d'Espagne.

7) • Lequel tu préfères ? _____ gauche ou

_____ ?

■ Je ne sais pas. Les deux ne plaisent.

5 Les goûts et préférences de Nathalie. Complétez avec *ce qui* ou *ce que*.

> _Ce que_ j'aime le plus, c'est le chocolat !
>
> _____ je ne supporte pas, c'est le potage.
>
> _____ m'énerve, ce sont les vendeurs qui insistent…
>
> _____ je trouve génial, c'est d'être avec mes amis.
>
> _____ m'intéresse le plus, c'est la musique.
>
> _____ j'adore, c'est rester toute seule à la maison.
>
> La mode ? Ça m'est bien égal !

6 PARLEZ DE VOUS. Comme Nathalie, parlez de vos goûts et vos préférences.

Ce qui me plaît le plus, c'est _____

Ce que _____

_____

_____

7 Elles s'exclament ! Que disent-elles ?

1) Marianne est très fâchée contre son frère…

Comme il est stupide !

Qu'est-ce qu'il est bête !

_____ il est égoïste ! Je ne le supporte pas !

Mais c'est vrai que parfois, très rarement, il faut le dire,

il peut être _____ …

2) Sarah, la baby-sitter du petit Théo…

Comme il est gentil !

Comme il _____ !

Comme il _____ !

Mais parfois, quand il est fatigué et qu'il pleure…

_____ qu'il est pénible !

3) Mme Rivas à propos de son nouveau robot ménager…

Comme il est facile à utiliser !

_____ pratique !

_____ moderne !

_____ que je vais gagner comme temps !

_____ que je suis contente !

UN BILLET DE TRAIN

SNCF

BILLET
A composter avant l'accès au train

HAZEBROUCK → PARIS NORD

01ADULTE

70160020014

DEPART EN BLEU

Dép **02/05** à **19H00** de **HAZEBROUCK**
Arr   à **19H30** à **LILLE FLANDRES**
                    TRAIN 44984
CARTE 12-25 A PRESENTER-ECH/REMB SOUS CONDITIONS

Classe **2**

Dép **02/05** à **20H00** de **LILLE FLANDRES**
Arr   à **21H04** à **PARIS NORD**
PERIODE NORMALE   TGV **7092**
CARTE 12-25 A PRESENTER-ECH/REMB SOUS CONDITIONS

Classe **2**   VOIT   16 :   PLACE Nº 36
01ASSIS NON FUM
SALLE   01COULOIR

Prix pax voyageur : **19.30**

Prix EUR   **19.30**
     FRF   **126.60**

CJ50 PC 50 KM0046   : CJ50   KM0258   :DV 658400433
   2.70   : 16.60   :CA   HAZEBROUCK   020505 10H23
   B   876584004330   BD   PN   :5266B4   Dossier RZUURX   Page 1 / 1

2006 T

1. Observez le billet et répondez aux questions.

1) Comment s'appelle la compagnie française des chemins de fer ? _____

2) Combien de personnes peuvent voyager grâce à ce billet ? _____

3) Que faut-il faire avec le billet avant de monter dans le train ? _____

4) Quelle est la gare de départ ? _____

5) Quelle est la gare d'arrivée ? _____

6) Où le voyageur a-t-il une correspondance ? _____

7) Combien de temps dure le trajet Hazebrouck-Lille ? _____

8) Combien de temps met le voyageur pour arriver à destination ? _____

9) Quel est le prix du billet ? _____

2. Cochez la bonne réponse. La personne qui voyage…

	Oui	Non
1) est en première classe.		
2) est un enfant.		
3) a une réduction spéciale.		
4) a réservé un compartiment fumeurs.		
5) a sa place près de la fenêtre.		
6) connaît à l'avance le numéro de la voiture et celui de sa place.		

TOUR DU MONDE EN FAMILLE

1 **Complétez le texte.**

Deux familles, les Marais _____ les Bourgine ont vécu
une _____ extraordinaire : ils ont _____
leur ville, leur travail, leurs _____ et sont
_____ faire le tour du monde en _____.
Pour les _____, les principales motivations étaient de
_____ de nouvelles cultures avec les siens et aussi
de transmettre des valeurs _____ à leurs enfants,
et de les confronter à d'autres _____. Ils sont d'accord
pour dire que, pour les _____, l'âge idéal est
_____ 5 et 11 ans. Pour eux tous, l'école n'est
_____ une priorité. Les parents jouent souvent le rôle
d'_____ ou bien ils inscrivent les enfants à l'école
locale quand ils font des _____. Dans ce cadre si
proche de la nature, les rencontres et les _____
remplacent les _____ scolaires. Le retour à la vie
normale est bien plus facile pour les _____ que pour
les adultes ; ceux-ci _____ souvent à repartir.

ORTHOGRAPHE

QUEL(S), QUELLE(S) OU QU'ELLE?

2 **Complétez la bulle.**

_____ belle aventure ! _____ beaux paysages !
_____ belle rivière ! Qu'est-ce _____ est calme !
Je ne sais pas de _____ côté aller…
_____ chemin prendre pour continuer ?

Atelier d'écriture

Pour écrire une lettre

3 **Voici des formules pour écrire une lettre. Classez-les dans le tableau ci-dessous.**

Monsieur • N'oublie pas d'embrasser Jeanne pour moi • Je désirerais • Nous voudrions • Madame •
Mon petit Guillaume • Affectueusement • Chère Madame • Je t'embrasse tendrement • Mon cœur • Amicalement •
J'aimerais • Veuillez agréer, Madame, l'expression de mes sincères salutations • Gros bisous •
Mademoiselle • Je vous remercie par avance de votre réponse • Envoie-moi • En attendant votre réponse •
Cher Monsieur • Mille baisers • Veuillez agréer, Monsieur, l'expression de mes sentiments les meilleurs •
Auriez-vous l'amabilité de… • Dans l'attente de votre réponse • Monsieur le Directeur • Nous souhaiterions •
Chère Agnès • Pourriez-vous m'envoyer • Madame la Directrice • Je vous prie de… • Cher Collègue et ami •
Écris-moi vite • Cordialement • Transmettez mes amitiés à votre frère • Ma chère Maman •
Dans l'espoir d'une réponse favorable • J'attends ta lettre

	Ami(e)s / Famille	Personnes qu'on connaît peu	Personnes qu'on ne connaît pas
Début			
Formuler une demande			
Demander une réponse			
Fin			

TEST DE COMPRÉHENSION ORALE !!!

Comment ça marche ?

1 Écoutez et remettez en ordre les illustrations. Attention, il y a une illustration en trop !

Score ⟩ 5

2 Dans ce résumé, cinq erreurs se sont glissées. Soulignez-les.

Un père arrive à la maison après une dure journée de travail. Ses enfants lui font une surprise pour son anniversaire. Ils lui offrent un robot pour faire le ménage et pour préparer les repas rapidement. Il est accompagné d'un livre de recettes. On peut faire beaucoup de choses avec, mais il n'a pas beaucoup de boutons. Ils décident d'utiliser l'appareil et de faire un plat pour le dîner. Il s'agit d'une viande accompagnée d'une purée. Malheureusement, ils finissent par mettre la préparation dans une cocotte-minute parce que ce n'est pas assez cuit.

Score ⟩ 5

3 Écoutez et complétez cet extrait du dialogue.

● Ouais… Ça a l'air de marcher. _____ commence à dorer. Alors… je continue… Euh… Quand la viande est _____, il faut préparer la sauce dans le bol. Le bol ? _____ bol ? Il y a tellement de choses que je m'y perds, moi !

■ Celui-ci, le rond. _____, c'est pour faire les carottes râpées.

● Ce que je ne comprends pas, c'est pourquoi ils mettent autant de récipients et autant de _____.

Score ⟩ 5

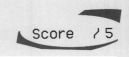

Score total ⟩ 15

POUR FAIRE LE POINT !

L'IMPÉRATIF AVEC DES PRONOMS

1 **Retrouvez les ordres que Jolan reçoit de sa maman.**

1) brosse • dents • de • pas • les • ton • brosse • te • ne • avec • la • frère

_____

2) chaise • toi • ta • assieds • sur • bien

_____

3) couche • sac • te • mon • ne • sur • pas

_____

4) toi • les • lave • mains • de • bien • avant • manger

_____

Score ⁄ 4

LES PRONOMS DÉMONSTRATIFS

2 **Complétez ces phrases.**

1) Tu aimes mieux ces lunettes-ci ou _____ sont rouges ?

2) Lequel de ces livres tu préfères ? _____ ou _____ ?

3) Qu'est-ce que c'est _____ ? Un tourne-disque ou un gramophone ?

4) _____ je ne supporte pas, ce sont les gens qui touchent tous les articles !

5) C'est qui la nouvelle vendeuse ? La jeune fille blonde ou _____ a les cheveux bruns ?

Score ⁄ 5

L'EXPRESSION DE LA CAUSE

3 **Complétez ce texte avec *car*, *puisque* ou *comme*.**

Loïc se lève 6 heures _____ il doit terminer son exercice d'anglais. Il ne fait pas de bruit

_____ toute sa famille est encore en train de dormir. Il décide de ne pas se doucher

_____ il s'est douché hier soir, après son match de basket. Il s'installe devant

son bureau et termine rapidement son travail. Tout content, il va dans la cuisine.

« _____ c'est toujours mes parents qui s'occupent du petit-déjeuner, aujourd'hui,

je vais leur faire une surprise ! » Il prépare du jus d'orange et _____ il a le temps, il décide d'aller

à la boulangerie acheter des croissants. Quand il revient, ses parents viennent de se réveiller. Ils sont très

surpris _____ ils croyaient que Loïc dormait !

Score ⁄ 6

Score total ⁄ 15

ÉCOUTER

1 Écoutez l'enregistrement. Remettez les illustrations dans l'ordre pour reconstituer le dialogue.

Score : ⸝ 7

2 Écoutez et cochez la bonne réponse.

1) L'élève s'appelle… **a)** Benjamin. ☐ **b)** Sébastien. ☐ **c)** Guillaumin. ☐

2) Son grand-père est né… **a)** le 15 décembre 1955. ☐ **b)** le 25 décembre 1937. ☐
   c) le 15 décembre 1945. ☐

3) Il est mort… **a)** en 1985. ☐ **b)** en 1995. ☐ **c)** en 2005. ☐

4) Il est né… **a)** à Melbourne. ☐ **b)** à Pérouse. ☐ **c)** au Perthus. ☐

5) Il était d'origine… **a)** italienne. ☐ **b)** mexicaine. ☐ **c)** malienne. ☐

6) Il était… **a)** chanteur et acrobate. ☐ **b)** chanteur et danseur. ☐ **c)** chanteur et
   dresseur de singes. ☐

7) Il aimait surtout… **a)** prendre des photos. ☐ **b)** danser. ☐ **c)** chanter. ☐

8) Il adorait les costumes… **a)** à carreaux. ☐ **b)** à pois. ☐ **c)** à rayures. ☐   Score : ⸝ 8

SCORE TOTAL ÉCOUTER N° 1 : ⸝ 15

LIRE

3 **Lisez l'extrait de l'ouvrage *Des cornichons au chocolat* (Livre, page 26) et recopiez les phrases du texte qui ont approximativement le même sens que celles qui suivent.**

1) Notre prof de musique est extraordinaire.

_____

2) Elle n'est pas laide.

_____

3) Elle n'est pas heureuse de vivre à Paris.

_____

4) Elle communique beaucoup avec nous.

_____

5) Nous voudrions tous partir avec elle, changer de pays et de vie.

_____

6) Je voudrais travailler dans une ferme avec des animaux.

_____

7) Habiter dans une grande ville est mortellement ennuyeux.

_____

8) Cette expression est fantastique.

_____

9) Elle s'exprime très bien.

_____

Score : ⁄ 9

4 **Relisez le texte et complétez cette fiche avec l'information concernant la prof de musique.**

PRÉNOM : _____

PROFESSION : _____

ASPECT PHYSIQUE : _____

GOÛTS : _____

QUALITÉS : _____

TRAJECTOIRE PROFESSIONNELLE : _____

_____

LIEU DE RÉSIDENCE : _____

Score : ⁄ 6

SCORE TOTAL LIRE N° 1 : ⁄ 15

MODULE 3 LEÇON 1

Soirée interculturelle

1 **Au centre international de vacances, il y a des jeunes de toutes les nationalités, surtout des Européens. Complétez.**

1) Neel est né _____ Helsinki, _____ Finlande. Il est _____ .

2) Helle est née _____ Copenhague, _____ Danemark. Elle est _____ .

3) Melina est née _____ Athènes, _____ Grèce. Elle est _____ .

4) Gert est né _____ Hambourg, _____ Allemagne. Il est _____ .

5) Khaled est né _____ Caire, _____ Égypte. Il est _____ .

6) Claire est née _____ Luxembourg, _____ Luxembourg. Elle est _____ .

7) Loïc est né _____ Havre, _____ France. Il est _____ .

2 **Écoutez ce dialogue et complétez.**

• Salut, Francesco !

■ Salut ! Tu _sais_ déjà ce que tu _____ pour la soirée de samedi ?

♦ Bien sûr ! Moi, c'est pas difficile, vu que je suis italien, _____

une pizza ou des spaghettis ! C'est comme vous, _____

le choix, _____ le flamenco !

• Ça ne va pas, non ?! Ce n'est pas parce qu'on _____ espagnoles, qu'on _____

_____ le flamenco !!! C'est une danse qui est très difficile !!!

■ Non, non, _____ une autre chose ! une omelette aux pommes

de terre ou un truc comme ça, tu crois pas ?!

♦ Mais non, c'est plus rigolo de danser le flamenco et surtout de le faire danser aux autres !

Moi, _____ dans le sud de l'Espagne et j'ai appris super vite !

• Ah bon ! tu pourrais nous faire une démonstration, monsieur le surdoué ?

♦ Bien sûr, c'est hyper facile, _____ ! _____ les bras…

comme ça… et que _____ des pieds très fort… comme ça…

et surtout que _____ un air tragique… Vous voyez… comme ça !

• N'importe quoi !

3 **JEU DE LOGIQUE.**

Lequel de ces pays a le plus de frontières communes avec d'autres ?

_____

France   Allemagne   Espagne   Autriche   Hongrie   Luxembourg   Italie

32 ▌ trente-deux

4 Soulignez les verbes qui sont au subjonctif présent.

1) Il faut que je dessine cet arbre.

2) J'aimerais que tu comprennes la situation.

3) Je pense que vous chantez très bien.

4) Elle dit que vous ne travaillez pas beaucoup.

5) Elle voudrait que nous dansions.

6) Elles disent que nous faisons trop de bruit.

7) Il souhaite que vous appreniez cette poésie.

8) Il faudrait que vous dessiniez un paysage.

5 Transformez ces phrases en utilisant un verbe au subjonctif.

1) Il doit rester chez toi ?   *Il faut qu'il reste chez toi ?*

2) Vous devez travailler un peu plus.

3) Je dois chanter toute seule !

4) Nous devons participer !

5) Elles doivent nager 100 mètres.

6) Tu dois te reposer, tu es très fatigué !

6 Complétez ces commentaires sur le week-end de Noémie et Roger.

1) Vendredi soir, Noémie et Roger sont allés
au théâtre voir une comédie musicale.
Elle s'est r é g a l é e , ça lui a
b__ __ __ __ __ __ __ p__ __ !
Mais lui, il a trouvé ça n__ __ !
Il n'a pas du t__ __ __ a__ __ __ !

2) Samedi après-midi, ils ont assisté à un match
de foot. Lui, il s'est bien défoulé en criant
mais elle, elle s'est e__ __ __ __ __ __ !

3) Heureusement, ensuite, ils sont allés à un concert.
Ils ont a__ __ __ __ tout le groupe mais ce qui
leur a p__ __ l__ p__ __ __, c'est la fille
qui jouait de la batterie !

4) Dimanche matin, ils ont allés au marché pour faire
leurs courses. Comme il y avait trop de monde,
ça les a f__ __ __ __ __ __ __ !

5) Dimanche après-midi, ils sont allés au cinéma.
Et là, ils ont p__ __ __ __ __ tous les deux
parce que le film était très
é__ __ __ __ __ __ __.

Bienvenue à l'auberge de jeunesse

1 Écoutez et complétez cette conversation.

● Bonsoir, soyez les bienvenues !

■ Merci !

◆ Nous avons deux réservations pour ce soir !

● D'accord… Vos cartes d'identité, s'il vous plaît… Merlot Aurélia… et Perrin Claire… Mmmm… ah, c'est vous les retardataires !? Je _suis content_ que _____ parce que je ne pouvais pas garder plus longtemps votre réservation !

◆ Oui, on a eu des petits problèmes !

■ Et on est ex-té-nu-ées !!!

● Oh ! je _____ que _____ si grave !

■ Si, si ! On n'en peut plus ! on est mortes de fatigue !

● Bon, alors… Voilà la clé de votre chambre ! Il _____ que _____ toujours sur vous parce que les portes se referment automatiquement.

◆ Merci ! Bonne nuit !

● Bonne nuit ! Au fait… Si vous sortez ce soir, il _____ que _____ ici avant une heure du matin, sinon ce sera fermé !

■ Ça _____ qu'_____. On est tellement fatiguées !

● On ne sait jamais !!! Je vous rappelle aussi qu'il _____ de _____ du bruit dans les couloirs ou dans les chambres après 23 heures.

◆ Alors là, je _____ qu'_____ du bruit !!!

■ Oh non ! on sera déjà en train de dormir à cette heure-là !

◆ Bon, bonne nuit !

● Bonne nuit, faites de beaux rêves !

2 Comment se termine cette situation ? Donnez votre avis ! Cochez d'une croix l'option qui vous semble la plus probable.

1) D'après vous, Aurélia et Claire iront à la cafétéria de l'auberge ?

   a) Oui, je crois _qu'elles iront à la cafétéria_ . ☐

   b) Non, je ne crois pas _____. ☐

2) Est-ce que vous pensez qu'elles ont envie de manger un sandwich ?

   a) Oui, je pense _____. ☐

   b) Non, je ne pense pas _____. ☐

3) Croyez-vous qu'elles se coucheront avant minuit ?

   a) Oui, je crois _____. ☐

   b) Non, je ne crois pas _____. ☐

Dites si le verbe est à l'indicatif (I) ou au subjonctif (S).

	1	2	3	4	5	6	7	8	9	10
I	X									
S										

Mettez les verbes entre parenthèses au subjonctif pour compléter les phrases.

1) Dépêche-toi de tout ranger avant qu'il _vienne_ (venir).
2) Elle voudrait que tout le monde _____ (être) à l'heure.
3) Il faut que nous _____ (aller) au cinéma un de ces jours.
4) Tu aimerais bien qu'elle _____ (réussir).
5) Il faut que les jeunes _____ (avoir) du travail.
6) Ma mère aimerait que je _____ (pouvoir) continuer mes études.
7) Pour arriver à l'heure, il vaudrait mieux que vous _____ (prendre) un taxi.
8) Il faut que les gens _____ (savoir) la vérité.

Barrez les verbes qui ne conviennent pas.

J'ai envie de sortir, mais pour cela il faut que je range / ranges ma chambre : ordre de ma mère !!! D'abord, il faut que je prends / prenne tous les livres qui sont par terre et que je les placent / place sur les étagères… Ensuite, il faut que je fasse / fais mon lit mais, pour pouvoir le faire, il faut que je ramasses / ramasse les pantalons et les t-shirts qui traînent partout et que je les mette / mets dans l'armoire. Il vaudrait mieux que je me dépêche / dépêchent car ma sœur va rentrer et il n'est pas question qu'elle me voit / voie faire le ménage !!!
Je voudrais qu'on respecte / respectons mes goûts et mon indépendance. J'aimerais que ma chambre sois / soit ma chambre et que ma mère n'est / ait rien à dire, mais c'est vrai que je dois / doive être un peu plus ordonné.

Conseils pour voyager avec Inter Rail

6 **Complétez à l'aide de la boîte à mots.**

> Il faudrait • Il vaut mieux • ~~Il n'est pas nécessaire~~ • il faut • Il vaudrait mieux •
> Si vous emportez • Il est préférable • Quand vous ferez • il faut • Il est préférable •
> il vaut mieux • Pensez à • Si vous voulez

1) **Papiers :** _Il n'est pas nécessaire_ que vous ayez un passeport. Une carte d'identité suffit. Attention ! si vous avez moins de 16 ans, _____ que vos parents vous signent une autorisation parentale.

2) **Argent :** _____ votre budget de voyage, _____ que vous pensiez à d'éventuelles dépenses supplémentaires (réservation de trains ou autres moyens de transport…).

3) **Prises électriques :** _____ un rasoir électrique, un sèche-cheveux ou d'autres appareils électriques, rappelez-vous que les prises de courant des pays où vous allez sont différentes de celles de votre pays d'origine. _____ que vous emportiez des « prises universelles ».

4) **Bagages :** _____ que vous n'emportiez qu'un seul bagage. _____ que vous évitiez les valises rigides et que vous preniez un sac à dos car c'est plus facile à transporter.

5) **Vêtements :** _____ que vous évitiez les vêtements synthétiques et que vous choisissiez le coton et la toile jean. _____ qu'ils se froissent moins et qu'ils prennent moins de place, _____ les enrouler et les enfiler chacun dans une chaussette type Dim.

6) **Laver le linge sale :** _____ emporter de la lessive en tube, bien plus pratique que les énormes paquets de poudre.

7) **Dormir :** _____ que vous preniez un sac de couchage, même si vous avez fait des réservations dans des auberges de jeunesse, car on ne sait jamais où on va passer la nuit.

Elle est petite, elle est souffrante...

1 **Complétez les bulles à l'aide de la boîte à mots.**

eau • répare • partageons • profite • dépenser • lumière • trie • déchets •
prolonge • échangeons • recyclage • éteins • emballages • gaspillage • couler

Je _répare_ tout ce qui me tombe sous la main : un robinet qui goutte, un vélo, une lampe… Ça _____ la vie des objets et ça réduit les poubelles.

Je déteste le _____. Je _____ des restes de la veille pour préparer des plats délicieux. C'est du _____ !

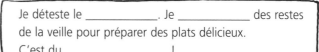

D'habitude, nous _____ la voiture avec d'autres amis qui font le même trajet.

Nous nous _____ des pantalons, des jupes, des pulls. Ça nous permet de changer de vêtements sans _____ d'argent.

J'_____ les appareils que je n'utilise pas et je profite de la _____ naturelle au maximum. J'aime vivre au rythme de la nature.

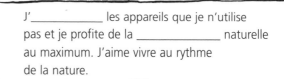

Je prends une douche rapide à l'_____ tiède ou même froide… Je ne laisse jamais _____ l'eau pendant que je me savonne.

Je _____ mes déchets : le verre, les papiers, les _____, les _____ organiques… tout ! Je trie tout !

2 Faites des phrases en reliant les éléments suivants.

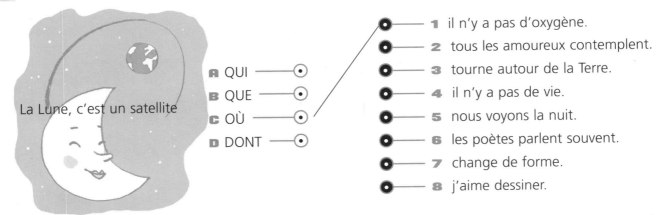

La Lune, c'est un satellite

A QUI —●
B QUE —●
C OÙ —●
D DONT —●

1 il n'y a pas d'oxygène.
2 tous les amoureux contemplent.
3 tourne autour de la Terre.
4 il n'y a pas de vie.
5 nous voyons la nuit.
6 les poètes parlent souvent.
7 change de forme.
8 j'aime dessiner.

3 Complétez avec un pronom relatif.

La Terre est une planète…

1) _dont_ la température s'élève dangereusement.
2) _____ il fait bon vivre.
3) _____ nous polluons trop.
4) _____ tourne autour du Soleil.
5) _____ vous ne vous occupez pas assez !

6) _____ il y a de l'oxygène et de l'eau.
7) _____ les écologistes veulent protéger.
8) _____ nous sommes tous responsables.
9) _____ est habitée par l'homme.
10) _____ il y a 34 000 espèces de plantes menacées.

4 Évitez les répétitions. Reliez les deux phrases avec un pronom relatif.

1) Les plages sont menacées par les touristes. Les touristes arrivent chaque année.
   Les plages sont menacées par les touristes qui arrivent chaque année.

2) Je voudrais vivre dans un petit village. Le petit village se trouve au bord de la mer.
   _____

3) Voilà la planète. Nous habitons sur cette planète.
   _____

4) L'Antarctique est une réserve. L'accès de l'Antarctique n'est permis qu'aux scientifiques.
   _____

5) L'oxygène est un gaz. Nous avons besoin d'oxygène pour vivre.
   _____

ERASMUS

Ilona

Bonjour,

Je souhaiterais partir l'année prochaine à l'étranger via le programme Erasmus.

Je ne me suis pas encore décidée entre l'Angleterre (pour améliorer mon anglais) et l'Allemagne (ma langue préférée).

Pour ceux d'entre vous qui ont franchi le pas, pourriez-vous me faire partager votre expérience ?

Merci pour votre aide.

Geneviève

Aïe !!! Moi, je suis partie 10 mois à Grenade et ça a changé littéralement ma vie... J'ai eu un peu de difficulté avec la langue, au début, mais je me suis vite adaptée. Les Andalous sont très accueillants et on se sent rapidement à l'aise.

J'ai visité les quatre coins de l'Andalousie et bien d'autres régions encore. Bref, expérience inoubliable qui m'a permis de découvrir une nouvelle culture, de partager de bonnes rigolades et de tisser de réelles amitiés. Alors PARS, PARS, PARS !!! Attention, ERASMUS peut être dangereux pour ta vie sentimentale.

Myriam

Je suis actuellement en Erasmus aux Pays-Bas. Bien que ce soit une très bonne expérience, ça n'est pas forcément très facile. Moi, j'ai très mal vécu mon premier semestre : chambre chez l'habitant minable, trop de bruit, télé à fond, réveil à 7 h... Après, j'ai décidé de tout prendre en main : j'ai déménagé, j'ai commencé à sortir, mon agenda s'est rempli de numéros... Bref, pars ! Tu auras toujours des gens pour t'aider autour de toi !!!

Lotte

Salut,

Je suis en Erasmus en ce moment même, en Pologne ! Et je dois te dire que c'est une très bonne expérience !

Moi aussi je voulais partir en Angleterre pour améliorer mon anglais mais il faut que tu saches qu'en Pologne, les cours sont en anglais et tu peux choisir des cours en allemand ou en espagnol. De plus, la Pologne est bien moins chère que l'Angleterre !

Ilona

Merci de m'avoir raconté vos expériences. Je crois que je vais le regretter si je ne franchis pas le pas... Eh hop ! en route pour l'aventure !

1 **Cochez la bonne réponse. Ce document est un extrait...**

a) d'une revue pour jeunes. ☐   c) d'un forum. ☐

b) d'un chat. ☐   d) d'un club de correspondance. ☐

2 **Cochez la bonne réponse. Erasmus, qu'est-ce que c'est ?**

a) Un programme qui permet aux étudiants de s'inscrire dans une université de l'Union Européenne. ☐

b) Une agence de voyages qui organise des séjours à l'étranger pour les jeunes. ☐

3 **Cochez. (Attention ! Parfois, il y a plusieurs possibilités.)**
Qui...

	Ilona	Geneviève	Lotte	Myriam
1) demande des conseils et des informations ?				
2) se trouve dans un pays étranger ?				
3) évalue positivement son expérience ?				
4) a fait beaucoup de tourisme ?				
5) a eu de sérieuses difficultés ?				
6) a voulu faire des progrès dans une langue étrangère ?				
7) a vécu une mauvaise expérience ?				
8) avertit d'un danger ?				
9) a eu quelques petits problèmes avec la langue ?				
10) est la plus enthousiaste de toutes ?				
11) conseille de partir ?				

L'ÉCOLE EN EUROPE

1 Lisez le texte du Livre (pages 34-35) et cochez d'une croix.

	Vrai	Faux
1) Dans les pays scandinaves, on reste neuf ans dans le même groupe-classe.	X	
2) Une « Grammar School » est une école publique britannique.		
3) Dans les systèmes latins, on privilégie l'acquisition des connaissances.		
4) En Allemagne, tout le monde fait des études universitaires.		
5) Dans le nord de l'Europe, on ne redouble jamais pendant le cycle obligatoire.		
6) Dans les pays latins, la formation professionnelle n'a pas mauvaise réputation.		
7) Le système anglo-saxon privilégie le progrès des élèves, pas l'acquisition des connaissances.		
8) Presque la moitié des lycéens européens font des études universitaires.		
9) De nombreux étudiants européens complètent leurs études à l'étranger.		
10) Dans les pays scandinaves, presque tout le monde réussit le cycle obligatoire.		

ORTHOGRAPHE

JE PROMÈNE TOUS MES TOUTOUS, TOUTE LA MATINÉE.

On prononce [tu]

Tous les jours / les mois…
Tous les deux…
Il est **tout** content.
Ils sont **tout** contents.

On prononce [tut]

Tout_est parfait. (= liaison)
Toute la journée / la semaine…
Toutes les semaines…
Elle est **toute** contente. Elles sont **toutes** contentes.
(Tout = Très mais s'accorde au féminin)

On prononce [tus]

Ils sont **tous** là.
Je les achète **tous**. (= pronom)

2 Écoutez et complétez avec *tout, tous, toute* ou *toutes*.

1) Elle a travaillé _toute_ la journée : elle est _____ contente parce qu'elle a fini _____ ses devoirs et qu'elle a appris _____ ses leçons. _____ va bien pour elle !

2) _____ les garçons et les filles de ma classe ont un portable, sauf moi !

3) Regardez ces pommes, elles sont _____ rouges. Je veux _____ les manger.

4) _____ à coup, elle a _____ oublié, _____ les mots et _____ les expressions qu'elle connaissait en anglais.

5) Ils sont _____ les deux très amoureux, ils se téléphonent _____ les jours et _____ les week-ends, ils voyagent pour se retrouver.

Atelier d'écriture *Poésie*

1 **Lisez la première strophe de la poésie *L'école* de Jacques Charpentreau et soulignez d'une même couleur les mots qui riment ensemble.**

> Dans notre ville, il y a
> Des tours, des maisons par milliers
> Du béton, des blocs, des quartiers
> Et puis mon cœur qui bat, qui bat
> Tout bas.

2 **Remettez cette deuxième strophe en ordre.**

> Des places, des ronds-points, des rues ☐
> Et puis mon cœur qui bat, qui bat ☐
> Dans mon quartier, il y a ☐
> Tout bas. ☐
> Des boulevards, des avenues, ☐

3 **Retrouvez la fin de chaque vers de la strophe à l'aide de la boîte à mots.**

> qui bat • il y a • une école • qui s'affolent

Dans notre rue, _____

Des autos, des gens _____

Un grand magasin, _____

Et puis mon cœur _____

Tout bas.

4 **Dans la dernière strophe, deux déterminants et trois noms ne sont pas à leur place. Indiquez la bonne place avec des flèches.**

> Dans <u>les</u> **oiseaux**, il y a
> Des **marronniers** chantant tout le jour
> Dans <u>cette</u> **école** de la cour
> Mon cœur, mon cœur, mon cœur qui bat
> Est là.

5 **Recopiez « artistiquement » cette poésie.**

6 **Écoutez et entraînez-vous à lire cette poésie à haute voix.**

TEST DE COMPRÉHENSION ORALE !!!

Conseils

1 **Écoutez. Barrez un ou plusieurs intrus dans chaque dialogue.**

Dialogue 1 : **a)** voyage • **b)** anglais • **c)** espagnol • **d)** travail • **e)** cours • **f)** Internet

Dialogue 2 : **a)** cours • **b)** chant • **c)** inscription • **d)** téléphone • **e)** 60 euros • **f)** choix

Dialogue 3 : **a)** menthe • **b)** thé • **c)** jardin • **d)** balcon • **e)** indications • **f)** arrosage

Score / 4

2 **Dans quel dialogue il faut que la personne...**

1) mette ses graines dans un petit pot ? Dialogue n° _____

2) remplisse un formulaire ? Dialogue n° _____

3) arrose sa plante régulièrement ? Dialogue n° _____

4) apprenne l'espagnol ? Dialogue n° _____

5) choisisse entre s'acheter des vêtements ou faire une activité ? Dialogue n° _____

6) suive des cours sur Internet ? Dialogue n° _____

Score / 6

3 **Écoutez et indiquez si c'est vrai (V) ou faux (F).**

1) La jeune fille veut partir au Nicaragua. ☐

2) La jeune fille pense que l'anglais est indispensable. ☐

3) Elle s'informe des possibilités pour apprendre l'espagnol. ☐

4) On lui recommande de prendre des cours sur Internet. ☐

1) Une dame est enthousiasmée par ses cours de chant. ☐

2) Elle recommande à son amie de s'inscrire. ☐

3) Pour s'inscrire, il faut téléphoner. ☐

4) Sa copine pense que l'inscription est bon marché. ☐

5) Elle lui conseille de ne pas dépenser autant d'argent pour s'habiller. ☐

1) Deux amis prennent un thé à la menthe. ☐

2) Un jeune homme trouve ce thé trop parfumé. ☐

3) On peut faire pousser la menthe à partir de graines. ☐

4) On peut faire pousser la menthe dans un salon. ☐

5) Il faut arroser une fois par semaine. ☐

6) Grâce aux indications de son ami, le jeune homme décide de cultiver de la menthe. ☐

Score / 15

Score total / 25

POUR FAIRE LE POINT !

LES PRONOMS RELATIFS

1 Complétez ces phrases.

1) C'est l'actrice _____ joue dans le dernier film de Woody Allen.

2) C'est l'actrice _____ mon frère préfère.

3) C'est l'actrice _____ je t'ai parlé hier.

2 Terminez ces phrases.

1) C'est un film qui _____

_____

2) C'est un film que _____

3) C'est un film dont _____

_____

4) C'est un film où _____

_____

Score / 7

LE SUBJONCTIF : EXPRESSIONS ET PRÉSENT DES VERBES RÉGULIERS

3 Complétez ces phrases à l'aide d'une expression ou d'un verbe au présent du subjonctif.

Les enfants ! Demain matin, _____ on se lève tôt, car le train part de très bonne heure… Votre mère et moi, nous aimerions que, pour une fois, nous n'_____ (arriver) pas en retard. Je _____ que vous ne regardiez plus cette émission de télé idiote et que vous _____ vos bagages le plus vite possible ! Il _____ que vous _____ (ramasser) toutes les affaires qui traînent par terre et que votre chambre soit parfaitement rangée avant le départ. Il _____ mieux que vous vous couchiez tôt, comme ça on évitera les problèmes !
J'_____ que vous _____ (m'écouter) quand je parle ! et que vous me _____ (regarder) droit dans les yeux…

Score / 10

LE PRÉSENT DU SUBJONCTIF DES VERBES IRRÉGULIERS

4 Complétez cet e-mail.

Chère Élise,

Je suis très triste que nous _____ (être) fachés. Je n'arrive plus à dormir. Il faut vraiment que je

_____ (savoir) toute la vérité !

J'aimerais que tu _____ (venir) chez moi pour tout me raconter. J'aimerais que Daniel _____ (pouvoir) venir aussi.

Est-ce que vous pourriez venir déjeuner samedi prochain ? Il faudrait que vous _____ (être) ponctuels car il faut que je _____ (prendre) un avion à 18 heures.

Il faudrait que vous me _____ (dire) le plus tôt possible si vous êtes d'accord, comme ça, je pourrais dormir de nouveau !

P.S. : Pour venir chez moi, il vaut mieux que vous

_____ (prendre) le métro car il y a des travaux dans ma rue.

Sam

Score / 8

Score total / 25

Je zappe, tu zappes, on zappe !

1 **Du mal à se décider ? Retrouvez les pensées de cette jeune fille en écrivant dans les cases la lettre qui convient pour compléter les phrases.**

1) Ça m'étonnerait que… ☐

2) Par contre, … ☐

3) Je devrais me décider car… ☐

4) Mais, je ne crois pas que… ☐

5) Je ne comprends pas comment… ☐

a) … je ne peux pas rester sans faire de sport.

b) … je peux m'inscrire au yoga, qui est plus relaxant.

c) … je continue à faire du basket.

d) … font les autres pour être toujours sûrs de ce qu'ils veulent faire.

e) … je m'inscrive au yoga, finalement.

2 **Quel pessimisme ! Complétez les phrases à l'aide des verbes donnés entre parenthèses.**

1) • Le groupe Éverest 2 000 est sur le point d'atteindre le sommet !
   ■ Ça m'étonnerait qu'ils l' *atteignent* . (atteindre)

2) • Les scientifiques sont sur le point de découvrir un remède contre le virus du SIDA.
   ■ Je ne pense pas qu'ils le _____. (découvrir)

3) • Sur la planète Mars, on va faire pousser des graines de soja.
   ■ Je ne crois pas que ce _____ possible. (être)

4) • Demain, il passe son examen !
   ■ Je ne crois pas qu'il le _____. (réussir)

5) • Il faut avoir de la patience pour y arriver !
   ■ Ça m'étonnerait que j'en _____ ! (avoir)

3 À l'aide des boîtes à mots, complétez ces commentaires sur deux *lofteurs* priés de quitter le *Loft*.

discothèque ~~~~ • joue • télévision • émissions • Internet • théâtre

Patrick Beirou - 22 ans en 2003

Entré le 24 / 06 / 2003.

Sorti le 24 / 07 / 2003.

Avant le *Loft*, Patou était barman dans une *discothèque* .

Actuellement, il participe à des _____ à la radio

et à la _____.

Il triomphe aussi au _____ : il _____

dans la pièce *Le patrimoine insolite*.

Il possède un site _____ de qualité : www.Patrickloft.fr.

animé • cinéma • apprécié • elle • sans • cours

Camille Panny - 23 ans en 2003

Entrée le 18 / 06 / 2003.

Sortie le 04 / 07 / 2003.

Sans emploi avant le *Loft*, _____ n'a pas

_____ l'expérience du *Loft*. Elle a cependant

_____ une émission sur MCM. Ensuite, elle

a pris des _____ d'art dramatique pour faire du

théâtre et du _____. Elle est toujours

_____ travail.

4 Cochez le pronom possessif qui convient, puis complétez chaque phrase.

1) C'est ma trousse. C'est _____. a) la mienne ☒ b) le mien ☐ c) la sienne ☐

2) Ce sont tes affaires. Ce sont _____. a) la mienne ☐ b) les tiennes ☐ c) les tiens ☐

3) Ce sont ses amis. Ce sont _____. a) la sienne ☐ b) le sien ☐ c) les siens ☐

4) C'est notre mère. C'est _____. a) les siennes ☐ b) la nôtre ☐ c) la sienne ☐

5) Ce sont vos parents. Ce sont _____. a) les leurs ☐ b) les vôtres ☐ c) le vôtre ☐

6) C'est leur médecin. C'est _____. a) le leur ☐ b) les leurs ☐ c) le vôtre ☐

7) Ce sont nos livres. Ce sont _____. a) les vôtres ☐ b) les siens ☐ c) les nôtres ☐

5 Mais… de quoi parlent-ils ? Écrivez le numéro de la phrase qui correspond à chaque illustration.

1) La mienne a eu trois petits.

2) La vôtre est petite.

3) La leur retarde.

4) Le sien a six mois.

5) Les vôtres sont fanées.

6) Le vôtre est plus court.

6 Écoutez. Le pronom possessif est au masculin (M), au féminin (F) ou on ne sait pas (?) ?

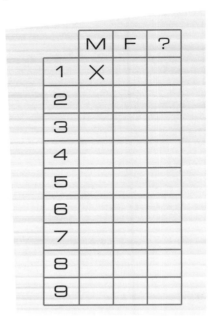

	M	F	?
1	X		
2			
3			
4			
5			
6			
7			
8			
9			

7 Complétez avec un pronom possessif.

1) Tu n'as pas de gants ? Tu sais, moi je n'ai pas froid aux mains. Si tu veux, prends *les miens* .

2) Mon appartement est plus grand que celui de Paul et Anne, mais _____ est plus lumineux.

3) Luc, tu peux me prêter ton parapluie ? Je ne retrouve plus _____.

4) Je connais ta moto mais pas celle de Bachir. Je sais seulement que _____ est rouge.

5) Notre chien est très obéissant mais _____, monsieur Durand, pourrait travailler dans un cirque !

6) Tu me prêtes ta voiture ? _____ ne marche pas bien.

8 Adjectif ou pronom ? Complétez cette conversation entre deux jeunes sportifs.

● *Nos* entraîneurs sont sympas ! Et _____ ?

■ _____ ? Bof… Selon _____ adversaires, ils sont réputés pour être plutôt durs. _____ périodes de repos sont courtes. Et _____ ?

● Les nôtres, ça va. Moi, par exemple, si je veux prendre quelques jours de repos, je peux le faire. _____ entraîneuse est assez souple. Demain, par exemple, je vais voir _____ père et _____ mère, je le lui ai dit, c'est tout. Et toi ? Tu n'es pas libre d'aller voir _____ parents ?

■ Si, mais… pas quand je veux et, en plus, _____ habitent loin… donc je n'y vais pas si souvent.

Quel temps fait-il ?

1 Commentez ces illustrations à l'aide de la boîte à mots.

Il y a du soleil. • Il y a du vent. • Il fait très froid. • Il fait un temps affreux. • Il fait un temps épouvantable. •
Il fait chaud. • Il neige. • Le ciel est gris. • Il fait un temps radieux. • Il grêle. • Il fait un temps splendide. •
Il pleut. • Il fait une chaleur torride. • Il fait beau. • Il y a du brouillard. • La foudre est tombée. •
Il gèle. • Le tonnerre gronde. • Le temps est clair. • Il y a des éclairs. • Le temps s'améliore.

Il y a du soleil.

2 La météo. Reliez les mots à leur définition.

A averse

B rafale

C brouillard

D cyclone

E éclair

F foudre

G gel

H neige

I orage

J tonnerre

1 Eau gelée qui tombe en flocons blancs et légers.

2 Lumière intense et brève provoquée par une décharge électrique.

3 Perturbation atmosphérique violente accompagnée de phénomènes électriques, de pluie ou de vent.

4 Décharge électrique qui se produit par temps d'orage.

5 Forte pluie soudaine et de courte durée.

6 Congélation de l'eau ou de la vapeur d'eau.

7 Bruit de la foudre accompagnant l'éclair.

8 Petites gouttes d'eau en suspension dans l'atmosphère qui limitent la visibilité.

9 Coup de vent brusque, violent et de courte durée.

10 Forte tempête accompagnée d'un vent extrêmement violent.

3 **Légende urbaine. Complétez le texte en mettant les verbes de la boîte à l'imparfait ou au passé composé.**

> ne pas attendre • ~~raconter~~ • apercevoir • vivre • prendre • ne pas arriver •
> faire • être • montrer • retrouver • charger • avoir • être • se rendre • s'asseoir • devoir •
> crier • raconter • transporter • remplir

Un ami nous _a raconté_ une anecdote qui s'est passée aux États-Unis et qui circule sur Internet : une dame âgée qui _____ seule _____ l'habitude de faire ses courses le vendredi matin. Comme le supermarché _____ très loin et qu'elle _____ ses courses pour toute la semaine, elle _____ y aller en voiture.

Mais un vendredi, à la sortie du supermarché, alors qu'elle se dirigeait tranquillement vers sa voiture avec son caddie bien plein, elle _____ deux hommes sur le point de partir avec celle-ci. Alors, elle _____ une pelle qu'elle avait achetée pour son jardin, elle a abandonné son caddie et elle _____ d'un air menaçant, la pelle à la main : « Sortez de là, voyous ! ». Les deux hommes _____ une deuxième invitation et ont filé à toute vitesse. Après quoi, la petite dame, très émue et fière d'elle-même, _____ toutes ses courses dans le coffre et _____ au volant.

Mais elle _____ si secouée par l'incident qu'elle _____ à introduire la clé. Soudain, elle a compris pourquoi...
Quelques minutes plus tard, elle _____ sa voiture garée un peu plus loin. Consciente du problème, elle _____ ses commissions dans sa voiture et _____ au commissariat le plus proche.
Elle _____ sa mésaventure à un agent qui, d'un petit sourire, lui _____ au fond de la salle deux hommes, encore pâles, qui _____ une déclaration pour le vol avec violence de leur voiture par une petite dame de 1,60 m armée d'une pelle.

Face à face

1 Écoutez et complétez cette interview faite à Samira et Océane à l'aide de la boîte à mots.
(Attention aux accords des noms et adjectifs !)

> joueur • confiance • terrain • ~~qualité~~ • superstitieux • volonté • supporter • soutenir • match • résultat • âge • échauffement • perdant • taille • humeur

1) Quelle est la plus grande _qualité_ **de votre coéquipière ?**

Samira : Elle en a plusieurs, mais sur le _____ elle est très généreuse et en plus, elle a des passes incroyables…

Océane : Oh là là, tu vas trop loin ! Moi aussi, il y a quelque chose que j'admire énormément chez Samira. C'est sa _____ et puis, sans doute, sa capacité à marquer des paniers !

2) Et son principal défaut en tant que _____ **?**

Samira : Euh… Bon, sa petite _____ peut-être. Pour le basket, c'est quand même important… elle n'est pas très grande, mais c'est certainement à cause de son _____…

Océane : Elle ! Elle est mauvaise _____ sur le terrain… mais, bon… elle s'excuse toujours après.

3) Quelle est la plus grande qualité de votre coéquipière dans la vie de tous les jours ?

Samira : Sa bonne _____, son sourire permanent. Je ne l'ai jamais vue fâchée, moi…

Océane : C'est quelqu'un d'ouvert avec qui on peut parler de tout.

4) Et son plus gros défaut ?

Samira : Bon, heu parfois… elle parle beaucoup, beaucoup… trop ! On l'appelle
« la pipelette » !

Océane : Son plus gros défaut ? Je ne sais pas, moi… des fois, elle manque de _____ en elle.

5) Lui connaissez-vous des manies, des phobies, des superstitions ?

Samira : Je ne sais pas si on peut appeler ça des manies… Mais avant un _____, elle aime bien être seule, elle fait son _____ toute seule… et puis toujours les mêmes exercices… toujours dans le même ordre…

Océane : Oui, c'est vrai, je suis un peu _____… et elle, quand elle est nerveuse, elle se ronge les ongles et… aussi, heu… elle porte toujours une photo de son chat sur elle…

Samira : Oui !!! Il me porte bonheur !

6) Et pour terminer, un petit message pour vos _____…

Samira : On veut vous dire merci de toujours nous _____ et de partager avec nous tous les _____, les bons et les moins bons.

Océane : On a besoin de vous plus que jamais !

2 Remplacez *on* par *nous, quelqu'un, tout le monde* ou *les gens* en modifiant le verbe quand il le faut. (Attention ! Il y a plus d'une possibilité.)

1) Pour être en bonne santé, on doit faire de l'exercice.

   Pour être en bonne santé, nous devons faire de l'exercice.

2) À Marseille, on parle le français avec l'accent du midi.

3) Quand on vous parle sans vous regarder dans les yeux, c'est toujours inquiétant.

4) On a proposé une solution à ce problème, mais elle n'est pas satisfaisante.

5) Jean et moi, on est amis depuis l'école maternelle.

6) On part tous en même temps et ça bloque les routes.

7) C'est l'heure ! On va commencer tout de suite !

8) À la campagne on mange mieux, on dort mieux, on vit mieux !

3 JEU DE LOGIQUE.

Vol au Casino du Dauphin Argenté.

M. Lesuspect reprit une fois de plus sa déposition à la police.

« J'étais dans la rue principale et je regardais les passants, quand un homme se précipita sur moi en agitant un bâton. C'est à ce moment-là que je me suis mis à courir. Le policier nous a vus et il m'a empoigné. Le type qui me courait après a dit que j'avais assommé son patron et que j'avais volé la caisse au Casino du Dauphin Argenté. Ça ne pouvait pas être moi, puisque je n'ai jamais mis les pieds au Dauphin Argenté et que je n'en avait jamais entendu parler jusque là. Je suis retourné au Casino avec le policier et certains clients ont dit qu'il était possible que je sois l'homme recherché, mais qu'ils n'en étaient pas sûrs ! » Après avoir lu l'inspecteur la déposition, il déclara : « M. Lesuspect est coupable, cela ne fait pas de doute ».

Comment le savait-il ?

On a vu, on a lu, on a aimé...

( )

Incroyable ! Ce film apocalyptique engendre l'ennui dès le générique. Si vous avez aimé le jeu vidéo dont il s'inspire, restez sur cette bonne impression et ne gaspillez pas le prix d'un billet.

( )

Graphiquement, le jeu reprend l'univers extrêmement riche de *Super Mario Sunshine* ainsi que l'ensemble des personnages. Au total, pas moins de 18 joueurs sont présents dans cette simulation. Sous ses aspects de jeu pour gamins (graphismes très colorés, bruitages débiles et courts de tennis extravagants) se cache une incroyable simulation à la prise en main exceptionnelle. À essayer absolument !

( )

Enfin un dico du ciné dans lequel des pages et des pages sont consacrées à vos héros ! Tout le cinéma populaire français – celui qu'on va voir et qui passe en boucle à la télé – a les honneurs d'un ouvrage encyclopédique, à l'illustration riche et aux textes rigoureux. Pour les amateurs de ciné, c'est le cadeau parfait à faire en cette fin d'année.

( )

Les suites de films mieux réussies que l'original sont rares. C'est pourtant le cas de SM 2. Les personnages y sont plus humains, plus attachants que dans le premier numéro. Quant au méchant, le Dr Octomus, il fait oublier sans peine l'atroce Bouffont vert qui semblait tout droit sorti d'un magazine de jouets. Question bonus, le film est commenté par Sam Raimi, le réalisateur, et Tobey Maquire, l'interprète de l'homme araignée. Idéal pour comprendre comment ils ont fait de Spider-Man 2 un film très réussi.

( )

Par Hideki Arai, éd. Delcourt. Ki-Itchi est un petit japonais d'à peine 3 ans. Malgré son jeune âge, il ne se laisse faire par personne. Des enfants l'agressent ? Il cogne ! Des adultes essayent de le manipuler ? Il cogne ! Cet incroyable gamin possède une force de caractère et une force tout court peu communes. Et il en a besoin pour affronter une société dure, hypocrite et extrêmement violente. Un manga d'une intensité rare qui décrit sans indulgence le Japon d'aujourd'hui.

( )

Deux frères, l'un cireur de chaussures, l'autre étudiant, sont enrôlés de force par l'armée sud-coréenne et embarqués dans la terrible guerre de Corée (1950-1953). Attention ! cette formidable reconstitution du conflit s'avère d'une grande violence. Déconseillée aux plus sensibles. Sortie le 11 mai.

1 Recopiez le titre qui convient sur l'article correspondant et indiquez s'il s'agit d'un livre, d'un film, ou d'un jeu vidéo.

KI-ITCHI ; RESIDENT EVIL : APOCALYPSE ; FRÈRES DE SANG ; SPIDER-MAN 2 ; MARIO POWER TENNIS ; DICTIONNAIRE DU CINÉMA POPULAIRE FRANÇAIS

2 Soulignez les mots qui vous ont permis d'identifier chaque article.

3 Dessinez entre les parenthèses l'émoticon qui vous semble le plus approprié.
☺ Ouuuiiii ! ☺ Cool ! ☹ M'ouais ☹ Aïe

4 Soulignez en vert les expressions qui expriment une opinion positive. En bleu, les négatives.

UN SIÈCLE D'EFFETS SPÉCIAUX

1 Complétez le texte avec les mots qui conviennent.

(1)	(2)	(3)	(4)	(5)
devinette blague histoire	E.T. votre frère le prof de maths	Quiz Réponse Puzzle	pirouettes mouvements pas de danse	coiffeurs joueurs techniciens

DES MONSTRES AUX NERFS D'ACIER

Petite (1) _____ : quel est le point commun entre (2) _____, les aliens à tentacules de *Men in black,* ce loup-garou du film *Underworld* et… les freins de votre vélo ? (3) _____ : des câbles qui glissent dans des gaines métalliques. Plus il y a de câbles attachés aux différentes articulations du personnage mécanique, plus on peut lui faire effectuer des (4) _____ complexes. À condition d'avoir des (5) _____ habiles.

Un siècle d'effets spéciaux. © Pascal Pinteau / Science & Vie Junior n° 184, janvier 2005.

2 Indiquez le genre du film à l'aide du numéro correspondant.

1) policier
2) film fantastique
3) film d'aventures
4) film de science-fiction
5) film à suspense
6) documentaire
7) comédie
8) comédie dramatique
9) drame
10) dessins animés
11) film musical
12) film d'horreur

a) *Harry Potter et le prisonnier d'Azkaban* ☐
b) *Shreck 2* ☐
c) *La Planète bleue* ☐
d) *Le Seigneur des anneaux* ☐
e) *Les choristes* ☐
f) *La Nuit des morts vivants* ☐
g) *Pirates des Caraïbes* ☐
h) *Star treck* ☐
i) *Matrix revolutions* ☐
j) *Les Flics ne dorment pas la nuit* ☐
k) *The Hours* ☐
l) *On connaît la chanson* ☐
m) *Batman* ☐
n) *Astérix et Cléopâtre* ☐
o) *Le Monde de Némo* ☐
p) *Frankenstein* ☐

ORTHOGRAPHE

ATTENTION ! NE PAS CONFONDRE LEUR, LEURS ET L'HEURE !

Il **leur** demande si c'est **leur** velo et si ce sont **leurs** valises.

- **Leur,** pronom personnel, pluriel de *lui,* s'écrit toujours sans *-s.*
  Exemple : Je leur téléphone.
- **Leur** ou **leurs :** adjectif possessif
  Leur maison = un objet (à eux, à elles).
  Leurs jouets = plusieurs objets (à eux, à elles).
- **Le leur, la leur, les leurs :** pronom possessif
  Exemples : C'est leur enfant ? Oui, c'est le leur. (un seul enfant)
  Ce sont leurs enfants ? Oui, ce sont les leurs. (plusieurs enfants)

3 Écoutez et complétez avec *leur, leurs* ou *l'heure.*

Le retard de M. et Mme Tardif est inadmissible ! Chaque fois que _leur_ expédition s'arrête, ils oublient _____ du rendez-vous ou perdent _____ chemin… C'est une de _____ mauvaises habitudes ! _____ compagnons de voyage sont indignés par _____ manque de respect et ils ont décidé de _____ parler sérieusement et de _____ dire que _____ prochain retard ne sera plus pardonné. C'est fini ! _____ excuses ne seront plus valables. La prochaine fois que les Tardif ne seront pas à _____ , ils partiront sans les attendre. Ils n'écouteront pas _____ explications. Ils poursuivront _____ route et ils n'auront aucun remord quand ils regarderont _____ deux places vides pendant _____ traversée du désert.

Atelier d'écriture *Raconter un événement au passé*

4 Mettez dans l'ordre cet article paru dans un journal.

a) Les autres membres de l'expédition ont déclaré à la police qu'ils avaient seulement voulu donner une leçon aux retardataires en les abandonnant une petite demi-heure dans les dunes. Quand ils ont voulu les récupérer, ils n'ont pas su s'orienter et ils ont tourné en rond dans le désert sans pouvoir les retrouver. ☐

b) Mieux vaut tard que jamais !!! Matmata (Tunisie), vendredi 14 août [1]

c) Finalement, tout est bien qui finit bien et on se demande si les Tardif seront plus ponctuels depuis cette terrible expérience ! ☐

d) Ils ont vu alors que leur plaisanterie tournait mal et ils sont rentrés à Tunis pour signaler immédiatement à la police la disparition des deux Français. ☐

e) Ils ont expliqué que le groupe avec lequel ils voyageaient était parti sans eux pour manifester son désaccord avec leur manque de ponctualité ! ☐

f) Hier matin, vers 11 heures, un couple de touristes français a été retrouvé dans les dunes de Matmata sous un soleil de plomb et dans un état assez proche de la déshydratation. ☐

TEST DE COMPRÉHENSION ORALE !!!

On parle de ciné

1 Écoutez et dites si ces affirmations sont vraies (V) ou fausses (F).

	V	F
1) Élias n'a pas apprécié le film.		
2) Coralie n'apprécie pas ce genre de film.		
3) D'après Coralie, le fait de regarder un seul film d'horreur peut rendre quelqu'un violent.		
4) Alexis pense qu'il faut exercer un certain contrôle sur ces films.		
5) Dans les vidéoclubs, les films violents sont facilement accessibles.		
6) Élias pense que les gens sont en général attirés par la violence.		
7) Un adolescent de moins de 16 ans peut facilement entrer dans une salle de cinéma.		

Score / 7

2 Reconstituez ces trois phrases du document en reliant les deux colonnes.

A Moi, c'est la dernière fois… ⊙   ⊙ 1 qui sont entrés en même temps que nous ?

B Tu as vu tous ces jeunes… ⊙   ⊙ 2 qui révèle toute une philosophie.

C C'est un film… ⊙   ⊙ 3 que je vais voir un film comme ça.

Score / 3

3 Remplissez les cases pour retrouver les mots manquants. Ensuite, écoutez et vérifiez.

1) Qu'est-ce qu'on prend ? Euh, pour moi, une _____.

2) Mais reconnais que les _____ étaient super.

3) On devient plus _____ en voyant des films comme ça.

4) Dans les _____, on met ce genre de films sur les étagères les plus hautes.

5) Un film comme *Frankenstein*, c'est bien un film d'_____.

Score / 5

Score total / 15

POUR FAIRE LE POINT !

POUR DONNER SON OPINION

1 **Complétez les phrases à l'aide des verbes entre parenthèses.**

Nadia est timide. Ce soir, en boîte…

1) elle ne pense pas que les autres _____ (faire) attention à elle.

2) elle ne croit pas que Maxence lui _____ (adresser) la parole.

3) ça la surprendrait qu'il _____ (venir) vers elle.

4) ça l'étonnerait qu'il lui _____ (dire) quelque chose.

5) elle ne comprend pas comment elle _____ (pouvoir) être si timide.

Score / 5

LES PRONOMS POSSESSIFS

2 **Avant l'examen. Complétez en utilisant des pronoms possessifs.**

1) Tu as écrit ton nom sur ta feuille mais lui, il n'a pas encore écrit _____.

2) Vous avez éteint votre portable mais nous, on n'a pas encore éteint _____.

3) J'ai mes lunettes mais, eux, ils ont oublié _____.

4) Je n'ai pas ma calculette mais Lucie me prêtera _____.

5) Tes livres sont rangés mais _____ sont encore en désordre.

Score / 5

LE PASSÉ COMPOSÉ / L'IMPARFAIT

3 **Complétez ces phrases en mettant les verbes au passé composé ou à l'imparfait.**

1) C'était le soir, il y _____ (avoir) plein de monde sur la place et, tout à coup,

il _____ (se mettre) à pleuvoir et les gens _____ (disparaître).

2) Quand nous _____ (connaître) Mario, il _____ (être) tout petit,

il _____ (aller) encore à l'école maternelle.

Score / 6

LE LEXIQUE DE LA MÉTÉO

4 **Complétez les phrases.**

1) Vite ! Allons à la plage ! On va profiter du _____.

2) Attention ! Ne prenez pas la voiture, il y a du _____ sur la route !

3) Le chien s'est caché sous le lit parce qu'il a peur de l'_____.

4) Si tu vas en Angleterre, prépare-toi à trouver du _____.

Score / 4

Score total / 20

ÉCOUTER

1 Écoutez les trois mini-dialogues. Lequel de ces trois titres n'est pas commun aux trois dialogues ?

1) Les grandes tours de notre planète. ☐
2) Des gratte-ciels qui n'arrêtent pas de grandir ! ☐
3) La beauté des gratte-ciels. ☐

Score : ⟍ 1

2 Écoutez les dialogues et dites si ces affirmations sont vraies (V) ou fausses (F).

1) Il faut absolument aller voir l'Empire State Building parce que la vie à l'intérieur y est différente. ☐
2) La vue du haut de l'Empire State Building est magique. ☐
3) Aujourd'hui, on construit des tours gigantesques très rapidement, surtout en Asie. ☐
4) Dans ces grandes tours, la température est plus élevée aux étages inférieurs qu'aux étages supérieurs. ☐
5) Quelqu'un dit que la tour Montparnasse est très belle. ☐
6) Les gratte-ciels contribuent à augmenter la pollution sur notre planète. ☐
7) Une grande tour pourra abriter une ville entière. ☐
8) Les derniers étages des grandes tours ne seront pas habitables à cause de l'altitude. ☐

Score : ⟍ 8

3 Écoutez et soulignez les phrases ou expressions que vous entendez.

1) a) Je me suis défoulé.
   b) Je me suis éclaté.

2) a) L'endroit est mythique.
   b) L'endroit est mystique.

3) a) La vue doit être dangereuse.
   b) La vue doit être merveilleuse.

4) a) un étage par semaine
   b) un étage par mois

5) a) des problèmes de manque d'hygiène
   b) des problèmes de manque d'oxygène

6) a) Plus on sera en hauteur, plus dur ce sera.
   b) Plus on sera en hauteur, mieux ce sera.

Score : ⟍ 6

SCORE TOTAL ÉCOUTER N° 2 : ⟍ 15

LIRE

4 **Lisez les deux affiches élaborées par le WWF et cochez la ou les bonnes réponses.**

1) Ces deux affiches...

a) critiquent les produits biologiques. ☐

b) font de la publicité pour un magasin de produits naturels. ☐

c) font des recommandations pour sauvegarder notre environnement. ☐

2) Elles s'adressent...

a) à des professionnels de l'industrie et du commerce. ☐

b) à de jeunes lycéens. ☐

c) à tout le monde. ☐

3) WWF sont les sigles...

a) d'un parc national. ☐

b) d'une organisation de protection de la nature et de l'environnement. ☐

c) d'une marque de produits bio. ☐

Score : ⟩ 3

5 **Cochez les comportements qui, selon vous, permettent de protéger notre environnement.**

1) Manger des cerises en hiver. ☐

2) Regarder l'étiquette avant d'acheter un produit et décider de l'acheter ou non. ☐

3) Consommer des produits provenant de l'agriculture durable. ☐

4) Faire couler l'eau abondamment pour mieux se brosser les dents. ☐

5) Quand on fait la vaisselle, remplir un bac d'eau pour laver et un autre pour rincer. ☐

6) Acheter des robinets spéciaux pour que l'eau ne coule pas trop vite. ☐

7) Manger des salades en été. ☐

8) Pour un lavage efficace, il vaut mieux employer des produits chimiques. ☐

9) Il vaut mieux remplir la machine à laver si on n'utilise pas le lavage économique. ☐

10) Acheter des produits AB et régionaux. ☐

11) Utiliser des produits chimiques pour jardiner. ☐

12) Il faut laver ses vêtements à la main. ☐

Score : ⟩ 12

SCORE TOTAL LIRE N° 2 : ⟩ 15

Ma ville, ça me regarde !

1 Écoutez l'interview de Charlotte et cochez la ou les bonne(s) réponse(s).

1) Charlotte aime sa ville ?

a) Pas trop. ☐   b) Elle l'aime bien. ☒

c) Elle ne lui plaît pas du tout. ☐

2) Qu'est-ce qu'elle apprécie tout particulièrement ?

a) Le vieux pont. ☐

b) Les rues piétonnes avec les magasins. ☐

c) Les petites rues (du vieux quartier). ☐

d) Le climat. ☐

e) Les boutiques des grands boulevards. ☐

f) Le centre commercial pour se promener. ☐

3) Qu'est-ce qu'elle critique ?

a) Le manque d'ambiance dans le centre-ville. ☐

b) Les centres commerciaux. ☐

c) Le temps qu'il fait à Lyon. ☐

d) Le manque d'animation en dehors du centre-ville. ☐

e) Le manque de centres pour jeunes. ☐

4) Quelles propositions fait-elle pour améliorer la ville ?

a) Rendre les transports publics gratuits. ☐

b) Mettre 2 000 vélos à la disposition des jeunes. ☐

c) Créer des pistes cyclables. ☐

d) Mettre des tapis roulants dans les rues. ☐

e) Installer des ordinateurs partout. ☐

f) Mettre de la musique partout dans la rue. ☐

g) Rendre les théâtre gratuit pour les jeunes. ☐

h) Aider les clochards. ☐

i) Embaucher des jeunes pour faire des travaux dans la ville. ☐

j) Construire des centres pour les jeunes. ☐

k) Installer des corbeilles à papier. ☐

l) Construire plus de bibliothèques. ☐

m) Remodeler le centre-ville. ☐

2 Barrez les bulles qui contiennent des phrases que Charlotte n'a pas dites.

1) Tout me plaît.

2) La ville me convient tout à fait.

3) Elle est géniale, ma ville !

4) C'est une ville comme les autres…

5) C'est cool ça !

6) Il faut tout changer !

7) En dehors du centre-ville, il n'y a pas grand-chose, je trouve…

8) Ça, on ne peut pas le changer !

9) Ce qui ne me plaît pas trop, c'est…

3 PARLEZ DE VOUS. Cochez les réponses qui correspondent à votre environnement.

1) Vous habitez…

a) dans une grande ville ? ☐

b) dans un village ou dans une petite ville ? ☐

c) en banlieue ? ☐

d) à la campagne ? ☐

e) près de la mer ? ☐

f) au centre-ville ? ☐

g) dans un quartier résidentiel ? ☐

2) Dans votre quartier ou pas loin de chez vous, il y a…

a) des installations sportives ? ☐

b) des salles de spectacle ? ☐

c) des cinémas ? ☐

d) des terrasses animées ? ☐

e) des magasins ? ☐

f) des centres commerciaux ? ☐

g) des bibliothèques ? ☐

h) des écoles ? ☐

i) des parcs ? ☐

j) des jardins ? ☐

3) Il y a aussi…

a) des stationnements gratuits ? ☐

b) des rues piétonnes ? ☐

c) beaucoup de circulation ? ☐

d) des pistes cyclables ? ☐

e) un bon réseau de transport public ? ☐

f) de grands bâtiments ? ☐

g) de grandes avenues ? ☐

h) des containers pour recycler ? ☐

4 Écoutez et dites si le verbe est au futur (F) ou au conditionnel (C).

	1	2	3	4	5	6	7	8
F								
C	X							

5 Le gymnase n'est pas en très bon état… Des clients protestent. Complétez les phrases.

1) • Il faudrait qu'on répare les douches.
   ■ Il _devrait_ réparer les douches !
   ▲ Il faut absolument qu'il _____ les douches !!!

2) • J'aimerais que le gymnase soit plus grand.
   ■ _____ qu'il y ait plus de place.
   ▲ _____ que les installations soient meilleures.

3) • On n'a _____ de ballons, de cordes et d'altères !!!
   ■ Oui, on a _____ de matériel !
   ▲ Ces quatre misérables ballons ne nous _____ pas !

6 **Quelles sont vos revendications et suggestions pour améliorer votre lycée ? Complétez.**

1) Il faudrait que _____

2) On devrait aussi _____

3) Il faut absolument _____

4) On n'a pas assez de _____

5) Il manque aussi _____

6) On pourrait _____

7) J'ai encore une autre idée : _____

7 **Que proposeriez-vous pour améliorer l'ambiance de votre classe ?**

> raconter • être • étonner • aller • avoir • aimer • être • savoir •
> se promener • être • falloir • adorer • faire • pouvoir

Il faudrait que _____

_____

8 **JEU DE LOGIQUE. Les voisins de Luc et leurs chiens.**

Luc est étudiant en 2e année à l'école vétérinaire. Pour gagner un peu d'argent de poche, il décide de promener les chiens de ses voisins de lundi à samedi. À l'aide des indices ci-dessous, remplissez la grille.

1) Samedi, il promène Poncho à 16 h.

2) Il sort le chien d'André à 18 h.

3) Celui qui sort le plus tôt, sort jeudi à 10 h. Sept heures après mais mercredi, il promène Médor.

4) Il promène Toby vendredi. Ce chien n'appartient pas à Gérard.

5) Le chien d'Anna sort à 16 h.

6) Angéla, dont le chien s'appelle Skip, a décidé qu'il devait sortir à 11 h.

7) Aurélie et son chien Polux n'ont pas demandé de promenade pour mardi à 12 h 30.

8) Lune, la chienne de Paul, ne sort pas lundi.

CHIEN						
PROPRIÉTAIRE						
JOUR						
HEURE						

Test : Que feriez-vous dans cette situation ?

1 Barrez les options incorrectes ou impossibles.

1) Si tu veux, …

    a) viens ce soir.   **b)** ~~tu prendrais le bus.~~   **c)** je t'invite.   **d)** on ira demain.

2) Si vous mangez ça, …

    a) vous aurez des boutons.   **b)** mettez de l'huile.   **c)** vous avez un bon estomac.

    d) vous vous en repentiriez.

3) S'il pleut ce soir, …

    a) prenez un parapluie.   **b)** vous ne pourrez pas venir.   **c)** elle serait venue.

    d) c'est dommage !

4) Si elle était malheureuse, …

    a) elle le dirait.   **b)** elle viendrait.   **c)** elle a pleuré.   **d)** elle crie.

5) Si on me proposait ça, …

    a) j'accepte.   **b)** j'accepterais.   **c)** je refuserais.   **d)** je crierai de joie.

2 Transformez les phrases comme dans l'exemple.

Si je réussis mon examen, je vous invite tous à la maison.
Si je réussissais mon examen, je vous inviterais tous à la maison.

1) Si elle téléphone, je serai fou de joie.

    _____

2) Si j'obtiens ce poste de travail, nous déménagerons.

    _____

3) Si vous arrosez les fleurs en plein soleil, elles fanent.

    _____

4) Si le four est trop chaud, le gâteau peut brûler.

    _____

5) Si l'autobus est en retard, j'irai travailler à pied.

    _____

6) Si les ordinateurs sont en panne, nous les faisons réparer.

    _____

7) Si elles sont malades, elles n'auront pas envie de manger.

    _____

8) Si nous avons le temps, nous irons au cinéma.

    _____

3 Xavier est fou de jeux vidéo. S'il pouvait rester tout le temps devant l'écran de son ordinateur, que se passerait-il ? Utilisez la boîte à mots pour répondre.

> passer son temps à jouer • ne pas penser à étudier • ne plus sortir • ne plus se laver •
> ne plus avoir envie de bouger • ne s'intéresser à rien • ne plus aller au lycée • ne pas dormir •
> ne plus voir ses amis • oublier les heures de repas • avoir mal aux yeux

S'il pouvait rester devant son écran d'ordinateur, il passerait son temps à jouer.

4 D'après vous, que se passerait-il…

1) si vous étiez invisible ?

2) s'il ne pleuvait plus du tout sur la Terre ?

3) si le niveau de la mer continuait à monter ?

4) si les Terriens s'installaient sur Mars ?

5) si des extraterrestres arrivaient sur la Terre ?

6) s'il n'y avait plus d'ordinateurs ?

7) si la télévision n'existait plus ?

8) si on vivait 150 ans ?

9) si

Métiers passion

1 Associez chaque profession au dessin qui lui correspond.

A dessinateur / trice

B journaliste

C médecin

D biologiste

E vendeur / euse

F pompier

G informaticien / ne

H chef d'entreprise

I ouvrier / ière

J styliste

2 Parmi les professionnels cités dans l'exercice précédent, lesquels pourraient dire les phrases ci-dessous ? (Plusieurs possibilités.)

1) C'est un métier nouveau qui se développe avec l'informatique.

l'informaticien / ne

2) On travaille aussi la nuit et cela crée une bonne ambiance.

3) On doit être disponible jour et nuit, surtout quand on est de garde.

4) Il faut avoir le sens de l'entraide, avoir envie de rendre service.

5) Pour faire ce métier, on doit aimer la nature.

6) Je suis celui qui « fait faire », celui qui définit les tâches et qui contrôle.

7) Il y a des débouchés et les salaires sont séduisants.

8) C'est un métier varié qui est lié au commerce, à la mode et à la technique.

9) Il vaut mieux être matinal. La journée de travail commence généralement assez tôt.

10) Il ne suffit pas de savoir dessiner ou écrire, le plus dur, c'est de trouver les idées.

3 Retrouvez ce que dit Julien, un jeune vacher. Complétez à l'aide des expressions de la boîte à mots.

> ça fait … que • ~~depuis~~ • pendant • jusqu'à • il y a

<u>Depuis</u> l'âge de dix ans, je suis attiré par la vie à la campagne. J'ai fait mes études dans un lycée professionnel. J'y suis resté _____ l'âge de dix-huit ans. _____ dix ans _____ je travaille comme vacher. Au début, j'étais apprenti. Et _____ cinq ans, j'ai pu m'installer avec l'aide de mes parents. J'ai cinquante vaches, et j'appelle chacune par son prénom. _____ la journée, je m'occupe d'elles et le soir, je fais la comptabilité. Je suis heureux de mon choix.

4 Donnez la même information d'une manière différente.

1) a) J'habite cette maison <u>depuis</u> six mois.

   b) _____ six mois _____ j'habite cette maison.

   c) J'ai déménagé _____ six mois.

CA FAIT 6 MOIS QUE J'HABITE ICI.   QUEL LUXE!

IL Y A DEUX HEURES QUE JE SUIS LÀ!!!

2) a) J'attends _____ deux heures !!!

   b) _____ deux heures _____ j'attends !!!

   c) Je suis arrivée _____ deux heures !!!

5 PARLEZ DE VOUS.

1) Depuis quand habitez-vous dans votre logement actuel ?

_____

2) Il y a combien de temps que vous faites du français ?

_____

3) Ça fait longtemps que vous étudiez dans votre lycée ?

_____

4) Ça fait combien de temps que vous connaissez votre meilleur(e) ami(e) ?

_____

TEST : Les huit intelligences

1 À quel type d'intelligence correspondent les comportements ci-dessous ? Indiquez dans la 1re colonne de la grille le numéro correspondant à chaque type d'intelligence.

TYPES D'INTELLIGENCE

1) Intelligence verbale

2) Intelligence logico-mathématique

3) Intelligence musicale

4) Intelligence du corps

5) Intelligence visuo-spatiale

6) Intelligence naturaliste

7) Intelligence intra-personnelle

8) Intelligence interpersonnelle

COMPORTEMENTS

a) J'aime les jeux de mots et les blagues.

b) Je travaille mieux si je travaille à mon rythme.

c) J'aime les mots croisés, jouer au Scrabble.

d) Je m'oriente facilement.

e) Je préfère être à l'extérieur qu'à l'intérieur.

f) J'aime bricoler ou faire des travaux manuels.

g) Je suis facilement le rythme d'une musique.

h) Je comprends mieux les choses si je les fais.

i) Je me sens à l'aise dans des débats et des discussions.

j) J'aime mieux les sports d'équipe que les sports individuels.

k) Mettre les idées en chansons ou en rimes m'aide à mémoriser.

l) J'ai besoin de m'organiser pour mieux travailler.

m) Je participe à la protection de l'environnement.

n) J'aime bien faire des puzzles.

o) Je ne me laisse pas influencer facilement par les autres.

p) J'aime observer la nature et remarquer ses particularités.

q) Je cherche à comprendre le pourquoi des choses.

r) Je me rends compte quand quelqu'un chante faux.

s) Je fais attention à la combinaison de couleurs.

t) Je préfère faire des choses en groupe que tout(e) seul(e).

u) J'aime bien la solitude et mon petit monde à moi.

v) Être avec les autres me donne de l'énergie.

w) Quand je suis assis(e), je bouge tout le temps.

y) Je déduis facilement les relations de cause à effet.

2 Cochez dans la deuxième colonne les comportements que vous avez généralement.

3 Observez vos résultats et soulignez, dans l'exercice n° 1, vos quatre principaux types d'intelligence.

SONDAGE INTERNET

QUEL INTERNAUTE ÊTES-VOUS ?

Êtes-vous le roi (la reine) du chat ou le web vous laisse-t-il de marbre ?
Ce petit sondage va nous révéler exactement quel internaute se cache en vous...
Pour y répondre, cochez la case qui correspond à votre réponse.

1 En général, vous allez sur Internet...
a) chez vous. ☐
b) au collège. ☐
c) chez des copains. ☐
d) ailleurs. ☐

2 Vous naviguez sur Internet...
a) une fois par jour. ☐
b) plusieurs fois par semaine. ☐
c) une fois par semaine. ☐
d) moins d'une fois par semaine. ☐

3

Quand vous naviguez sur Internet, c'est plutôt pour...	5 mn	30 mn	1 h	2 h
a) dialoguer				
b) chercher des infos				
c) envoyer / recevoir des mails				
d) jouer				
e) télécharger				
f) donner votre avis sur des forums				

4 Si vous dialoguez, ... (cochez une seule réponse)
a) vous donnez rendez-vous à vos amis sur des chats. ☐
b) vous cherchez plutôt à faire de nouvelles connaissances. ☐

5 Si vous cherchez des infos, ... (cochez une seule réponse)
a) c'est plutôt pour vos études. ☐
b) c'est plutôt pour votre plaisir. ☐

6 Si vous jouez, c'est plutôt... (cochez une seule réponse)
a) tout seul. ☐
b) avec d'autres (en réseau). ☐

7 Est-ce que vous téléchargez...

a) des photos	oui	non
b) des vidéos	oui	non
c) des jeux	oui	non
d) de la musique	oui	non
e) des animations	oui	non
f) autres	oui	non

8 Si vous allez sur des forums, c'est toujours sur les mêmes. oui ☐ non ☐
Si oui, citez vos forums préférés :
_____
_____
_____

9 Quels sont vos sites préférés ? (citez-en entre 3 et 5)
_____
_____
_____
_____
_____

10 Vous est-il déjà arrivé de vous retrouver sur des sites inattendus ou qui vous ont choqué(e) ? Expliquez pourquoi.
_____
_____
_____
_____
_____

11 Avez-vous déjà eu des problèmes sur un forum ou un chat ? oui ☐ non ☐
Si oui, quels genres de problèmes ?
_____
_____
_____
_____
_____

12 Vos parents limitent-ils votre temps de connexion sur Internet ? oui ☐ non ☐

13 Vos parents savent-ils ce que vous faites sur Internet ?
a) Oui, en détail. ☐ b) Oui, en gros. ☐
c) Juste un peu. ☐ d) Pas du tout. ☐

ORTHOGRAPHE

PARTICULARITÉS DES VERBES EN -*CER* ET -*GER*

G devient *ge* devant -*o* et -*a* pour conserver le son [j].
C devient ç devant -*o* et -*a* pour conserver le son [s].

Le naufragé nag**eait** jour et nuit
et avan**çait** vers la côte.

Écoutez et complétez les terminaisons des verbes.

1) Nous déménag *eons* cette semaine et nous commen_____ une nouvelle vie : nous chang_____ de maison, de ville, de pays.

2) ● Vous plong_____ dans l'eau glacée ? ■ Nous nag_____…

3) Quand le prof m'interrog_____, je mélang_____ tout dans ma tête : les chiffres, les mots… J'effa_____ tout de ma mémoire.

4) Quand nous mang_____ en faisant du bruit, notre père fron_____ les sourcils, nous regardait fixement et nous mena_____ du doigt.

5) Tu n'as pas encore commen_____ ? Et si tu commen_____ maintenant ? Nous ne te dérangerons pas.

Atelier d'écriture   *Rédiger un Curriculum Vitae*

Le C.V. de Christine comporte des erreurs. Corrigez les six fautes d'orthographe et soulignez les neuf maladresses.

Kiki Lafayette
6, rue des Ombres
13 000 marseille
schizoïde@laposte.com

Né le 1 / 1 / 1991
Française

Objectif : Travailler comme baby-sitter.
(s'abstenir en dessous de 12 € / heure)

Études : Redouble seconde.

Formation : Brevet des collèges.

Langues :
François : parler, lu, écrit.
Anglais : nul.

Informatique :
Pratique courante de logiciels Linux, Word.

Indications complémentaires :
Caractère :
Patiente, responsable, blonde, belle, yeux verts.
Adore joué avec le enfants.

Loisirs :
Tennis, regarder la télé, accro des jeux d'ordinateur.

Divers :
A besoin de travailler d'urgence pour se payer la Play 3.
A peur des chiens.
N'aime pas les bébés qui ont moins d'un an.

TEST DE COMPRÉHENSION ORALE !!!

Interview

1 Écoutez et cochez la bonne réponse.

1) Il s'agit...

    a) d'un reportage télé. ☐

    b) d'un reportage à la radio. ☐

    c) d'une enquête télé. ☐

2) Une journaliste interviewe...

    a) des jeunes gens à la sortie du lycée. ☐

    b) des personnes de tous les âges. ☐

    c) des garçons et des filles à la sortie

       d'un cinéma. ☐

3) Le sujet de l'interview traite...

    a) des loisirs et du temps libre. ☐

    b) des projets professionnels. ☐

    c) de voyages. ☐

Score ⁄ 3

2 Numérotez ces illustrations selon l'ordre d'écoute.

Score ⁄ 7

3 Vrai ou faux ? Écoutez et cochez d'une croix.

	Vrai	Faux
1) Un des garçons interviewés voudrait être jardinier et s'occuper de sa maison.		
2) Quelqu'un veut être vétérinaire.		
3) Un des garçons aimerait aider les gens à se sentir libres et solidaires.		
4) Un des jeunes garçons veut être ingénieur en informatique.		
5) Une des filles veut cultiver des oranges.		
6) Une des filles fera des études pour pouvoir s'occuper de chevaux.		
7) Un bac pro CGEA veut dire, Baccalauréat Professionnel Conduite et Gestion de l'Exploitation Artistique.		
8) Ils savent tous ce qu'ils / elles veulent faire plus tard.		
9) La journaliste utilise « tu » pour parler aux jeunes gens.		
10) Tous les jeunes veulent vivre en ville.		

Score ⁄ 10

Score total ⁄ 20

POUR FAIRE LE POINT !

LE CONDITIONNEL PRÉSENT

1 Complétez avec le verbe au conditionnel présent.

1) _____-vous m'aider, s'il vous plaît ? (pouvoir)

2) Je _____ tout pour lui ! (faire)

3) Vous _____ faire attention ! (devoir)

4) Je _____ être un peu tranquille. (vouloir)

5) Nous _____ tout de suite ? (partir)

6) Est-ce qu'elles m'_____ ? (écouter)

Score / 6

FAIRE DES HYPOTHÈSES

2 Barrez les options qui ne sont pas correctes.

1) Si j'étais / serai / faisais libre cet après-midi, j'irais au cinéma avec toi.

2) Si je pouvais / puisse / pourrais choisir le programme, je verrais ce film pour la 5ᵉ fois.

3) Si tu étais / est / serais gentille avec elle, tu irais la voir.

4) Demain, si tu veux / voulais / veuilles, on peut se voir.

5) Si tu as / avais / aurais le temps, passe-moi un coup de fil quand tu rentreras.

Score / 5

RÉVISION GÉNÉRALE

3 Complétez cet e-mail.

Coucou !

Je suis _____ quelques jours _____ ma cousine à Marseille. C'est une _____ ville _____ il y a une animation

fantastique et où les gens sont super sympa. Je _____ facilement y rester pour toujours. Cependant, il y a

aussi le revers de la médaille. Il y a des _____ qui sont très très sales. Par exemple, hier je

_____ dans la rue et quelqu'un a carrément jeté par terre une boîte de Coca-Cola qui est tombée sur mon pied.

Moi, si _____ le maire de Marseille, je _____ de la pub pour inciter les gens à être plus propres.

Tu ne trouves pas ? Bon, je te laisse. Bisous,   Guillaume

Score / 9

LA DURÉE

4 Écoutez, puis complétez.

1) _____ longtemps que je t'aime ! Je le sais _____ toujours.

2) Ils sont là, devant la porte, _____ 6 heures du matin.

3) Il restera chez ses parents _____ à la fin de ses études.

4) _____ des années _____ elle n'a pas écrit.

Score / 5

Score totale / 25

En votre âme et conscience

1 Observez ce sondage.

Pendant un devoir en classe, vous remarquez que votre meilleur(e) ami(e) est en train de tricher…

1) Vous ne dites rien.	24,32 %
2) Vous attendez la sortie du cours pour lui expliquer que c'est mal de tricher.	20 %
3) Vous lui faites sentir que vous n'êtes pas content(e).	17,88 %
4) Vous attendez que le prof vous rende les devoirs pour en parler à votre ami(e).	12 %
5) Vous montrez que ça vous amuse.	11 %
6) Vous avertissez le professeur.	8 %
7) Vous essayez de lui demander de vous en faire profiter.	5,60 %
8) Vous attendez la sortie du cours pour le / la féliciter.	1,20 %

Sondage extrait du site www.momes.net

Complétez ces commentaires sur le sondage précédent à l'aide de la boîte à mots.

> Certains • Quelques • ~~La plupart~~ • Un quart • Tout le monde • Pas une seule

1) _La plupart_ des étudiants ne dit rien.
2) _____ a répondu à ce questionnaire.
3) _____ étudiants attendent la sortie du cours pour féliciter le tricheur.
4) _____ étudiants lui montrent que ça les amuse.
5) _____ personne ne répond qu'elle triche aussi.
6) _____ des étudiants ne dit rien.

2 Le Tour de France. Complétez avec un adjectif ou un pronom indéfini.

Tous les ans, on célèbre le Tour de France, une course où le gagnant de _____ étape porte le maillot jaune. C'est une course célèbre qu'_____ télévision ne manquerait. C'est aussi une course difficile que _____ coureurs abandonnent dès le début. _____ continuent mais avec difficulté. Cependant, _____ à sa manière influence la course. Il y a eu des coureurs célèbres, comme le Français Jacques Anquetil, le Belge Eddy Merckx et l'Espagnol Miguel Indurain qui ont gagné le Tour _____ fois. Dernièrement, l'Américain Lance Armstrong a réussi ce qu'_____ champion n'avait pu faire : gagner le Tour sept fois !

3 Premier soir dans un centre de vacances… Pourquoi Martin, le nouveau moniteur, a-t-il refusé de continuer ? Complétez le texte avec les adjectifs et les pronoms indéfinis proposés.

> d'autres • chacun • quelques-uns • ~~aucun~~ • certains • chaque • quelqu'un •
> quelques • aucun • plusieurs

Dans le dortoir, _aucun_ pyjama n'apparaissait : _____ les avait cachés. _____ ados cherchaient désespérément leur valise. _____ ne trouvaient pas leur brosse à dents. _____ ont dansé et chanté jusqu'à minuit. Impossible de les arrêter ! _____ étaient fatigués mais ils continuaient à faire la fête. « Que _____ retourne dans son lit !», criait Martin. Mais personne ne l'écoutait…

_____ seulement ont pu dormir parce qu'ils avaient mis la tête sous l'oreiller.

À 8 heures du matin, enfin, on n'entendait plus _____ bruit.

« Ça risque d'être ainsi _____ nuit », pensait Martin.

C'est là qu'il a décidé de faire sa valise mais… où donc était-elle ? « Bah… je vais me coucher… Demain, il fera jour… »

4 JEU DE LOGIQUE. **Un peu de gymnastique pour le cerveau.**

La ville de Burlington est en partie française et en partie anglaise.

Si 70 % de la population parle l'anglais et 60 % de la population parle le français, quel pourcentage de la population parle les deux langues ?

_____

_____

_____

Histoires pressées

1 **Lisez ces vignettes et faites passer les phrases de la langue familière a la langue standard.**

> argent • lycée • homme • s'amuser • livre • amis • manger • ennuyeux •
> professeur • gymnastique • bien • amies

1) _____
_____
_____
_____

3) _____
_____
_____
_____

2) _____
_____
_____
_____

4) _____
_____
_____
_____

2 **Écoutez et dites si ces phrases sont en langue soutenue (S) ou familière (F).**

	1	2	3	4	5	6	7
S	X						
F							

3 Vive la politesse ! Soulignez la formule la plus polie et entourez la moins polie.

1) Vous achetez des cartes postales dans un petit magasin et vous avez aussi besoin de timbres.

   a) Est-ce que vous avez des timbres, aussi ?

   b) Donnez-moi des timbres, aussi.

   c) Avez-vous des timbres aussi, s'il vous plaît ?

2) Vous êtes à la poste et vous voulez envoyer des cartes postales en Espagne.

   a) Des timbres pour ces cartes postales. C'est pour l'Espagne.

   b) J'ai besoin de timbres pour l'Espagne, pour des cartes postales.

   c) Pourriez-vous me donner des timbres pour des cartes postales, pour l'Espagne ?

3) Vous voulez téléphoner à vos parents. Vous demandez où vous pouvez trouver un téléphone.

   a) Il y a des téléphones près d'ici ?

   b) Pourriez-vous me dire s'il y a une cabine téléphonique près d'ici.

   c) Un téléphone, vite !

4) Vous cherchez une boîte aux lettres pour poster une carte.

   a) Je cherche une boîte aux lettres.

   b) Pouvez-vous poster cette carte pour moi ?

   c) Pourriez-vous me dire où se trouve la boîte aux lettres la plus proche ?

4 Barrez l'option incorrecte.

1) J'ai couru chercher papa parce que je me coupais / m'étais coupé le pouce.
2) Aujourd'hui, j'ai expliqué en classe ce qui m'est arrivé / m'était arrivé à la maison.
3) À midi, le loup a mangé trois côtelettes pur porc qu'il achetait / avait achetées le matin.
4) Les trois petits cochons n'ont presque pas vieilli parce qu'ils ont eu / avaient eu une belle vie.
5) Le loup a beaucoup vieilli parce qu'il s'est épuisé / s'était épuisé à courir après les trois petits cochons.

5 Complétez cet e-mail à l'aide des verbes entre parenthèses conjugués au temps qui convient.

Salut ! Tu ne devineras jamais ce qui m'_____ (arriver) hier après-midi...
Je _____ (sortir) d'une boulangerie où je _____ (entrer) m'acheter un petit croissant,
j'_____ (avoir) la bouche pleine... lorsque, tout à coup, j'_____ (apercevoir)
quelqu'un que je _____ (ne pas voir) depuis deux ans. C'_____ (être) Sophie,
mon ex-petite amie ! Tu te rappelles ? J'_____ (faire) sa connaissance quand je _____
(travailler) à Londres... Elle _____ (être) aussi surprise que moi par cette rencontre... Nous
_____ (ne pas pouvoir) bavarder parce que nous _____ (être) pressés tous les
deux mais nous _____ (prendre) rendez-vous pour demain soir... Quelle émotion !

Regards dans un regard

1 Écoutez et complétez ces deux dialogues qui se rapportent aux tableaux du Livre de l'élève (pages 64 et 65).

a) Tout le monde peut se tromper !

- Dis donc, _il est nouveau_ ce poster ?
- Oui, _____… Il est beau, hein ?
- Superbe !
- Je trouve qu'_____ très spéciale, comment dire… ? euh…
  _____ même…
- C'est vrai… Il est impressionnant _____, solitaire… debout sur _____
  devant _____… On sent … _____ et l'immensité de _____ !
- Excuse-moi mais… _____ là, c'est pas l'océan…
- Comment c'est pas l'océan… ???
- Non, _____ !
- Et… comment tu, le sais ?
- Eh bien… écoute… _____ que ce sont des _____…
- Ah oui !!! _____ !!!

b) Au musée…

- Oh ! regarde ! _C'est beau !_ Tu ne trouves pas ?
- Euh… je ne sais pas… Ça me rend mélancolique… _____
  _____ qu'elle est tellement triste…
- _____… ou peut-être qu'elle est très fatiguée…
- Oui, _____. Ces tons foncés font penser que c'est la fin
  de la journée.
- Oui, tu as raison… _____ d'avoir beaucoup travaillé.
- _____, j'aimerais bien savoir ce qu'elle pense.

De quels tableaux parlent-ils ? _____

2 Relevez dans ces deux dialogues les expressions utiles…

1) pour entamer une conversation : _Dis donc,_ _____
_____

2) quand on ne sait pas trop quoi dire : _____
_____

3) pour dire à quelqu'un qu'il / elle a raison : _____
_____

3 Assemblez ces moitiés de tubes pour retrouver dix mots en rapport avec la peinture. Ensuite, écrivez les mots sous le dessin correspondant.

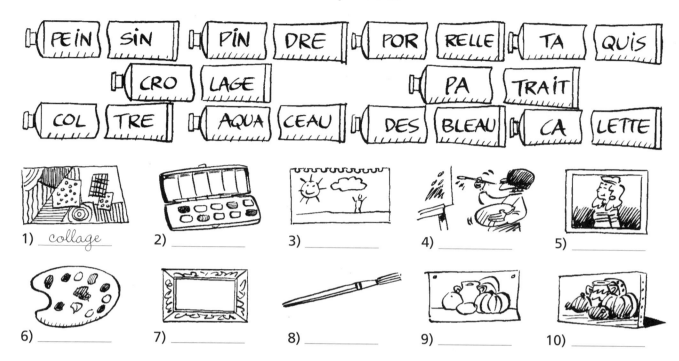

1) *collage*   2) _____   3) _____   4) _____   5) _____

6) _____   7) _____   8) _____   9) _____   10) _____

4 Lisez cette histoire. Soulignez chaque temps verbal d'une couleur différente : présent (rouge), imparfait (bleu), passé simple (vert), futur et futur proche (noir).

Rangement

Nicolas jouait tranquillement. Soudain, la porte de sa chambre s'ouvrit et sa mère entra.

Elle resta un instant la bouche grande ouverte, comme paralysée. Et puis, elle hurla :

–Qu'est-ce que c'est que ce… ce… foutoir ! Tu vas me ranger ça immédiatement ! Je reviens dans une demi-heure et je veux voir chaque chose à sa place, tu m'entends, chaque chose à sa place !

Nicolas soupira, se leva lentement, regarda d'un air ennuyé tout autour de lui, puis se décida. Il sortit des boîtes, des cartons, des valises, des caisses en plastique, des malles en osier et se mit à ranger. Il rangea ses billes, ses autos miniatures, ses livres, ses legos, ses images de foot, sa collection de timbres, ses chaussettes, ses cahiers, ses dessins… Chaque chose à sa place, exactement, proprement.

Et puis, comme il restait des cartons, il rangea aussi ses rêves, ses envies, ses joies, ses chagrins, ses bêtises, ses souvenirs, ses frayeurs, ses mensonges… Chaque chose à sa place, exactement, proprement.

Quand sa mère revint, une demi-heure plus tard, plus rien ne traînait. L'ordre était impeccable. Elle appela :

–Nicolas, où es-tu ?

–Je suis là, répondit une voix. À ma place, à ma place…

Elle regarda autour d'elle, mais ne vit rien. Elle regarda sous le lit, derrière le bureau, le fauteuil. Toujours rien.

Alors, elle ouvrit l'armoire, vida les tiroirs, sortit les boîtes, les cartons, les valises, fouilla les placards, mit un désordre épouvantable… et retrouva, enfin, son Nicolas.

Nouvelles histoires pressées. Bernard Friot © Éditions Milan, 1992

TEST DE COMPRÉHENSION ORALE !!!

Le pari

1 Écoutez et cochez la (les) bonne(s) réponse(s).

1) Dans l'histoire que Théo raconte, le défi lancé par le couple consiste à...

a) ne pas parler pendant une journée entière. ☐

b) ne pas parler le 1er. ☐

c) garder le silence indéfiniment. ☐

2) La personne qui parle la 1re, c'est...

a) le voleur. ☐

b) l'homme. ☐

c) la femme. ☐

3) C'est à cause...

a) du mari que la femme parle la 1re. ☐

b) du voleur que la femme parle la 1re. ☐

c) de la femme que le voleur parle le 1er. ☐

4) D'après vous, la femme...

a) est triste parce qu'elle a perdu le pari. ☐

b) est triste parce que le mari est plus gourmand qu'amoureux. ☐

c) est contente de commencer une nouvelle vie. ☐

Score ⁄ 6

2 Avez-vous bien compris ? Écoutez et reliez les éléments.

A voisin ⊙

B couple ⊙

C voleur ⊙

D mari ⊙

E femme ⊙

⊙ 1 Prendre des bijoux.

⊙ 2 Manger le dernier gâteau.

⊙ 3 Prendre des objets de valeur.

⊙ 4 Garder le silence.

⊙ 5 Être gourmand.

⊙ 6 Donner des gâteaux.

⊙ 7 Enlever la femme.

⊙ 8 Partir avec le voleur.

Score ⁄ 8

3 Numérotez ces illustrations de 1 à 6.

a)  ☐ b)  ☐ c)  ☐

d)  ☐ e)  ☐ f)  ☐

Score ⁄ 6

Score total ⁄ 20

POUR FAIRE LE POINT !

LES 4 TEMPS DU PASSÉ : PASSÉ COMPOSÉ, PASSÉ SIMPLE, IMPARFAIT, PLUS-QUE-PARFAIT

1 Lisez ce fait divers et complétez avec les verbes proposés.

> venaient (1) • vécurent (2) • ont eu (3) • fut (4) • durent (5) • était (6) • entendit (7) • avait mis (8) • retrouva (9) • avaient (10) • attaché (11)

Sur le vol AX 480 de la compagnie aérienne Air Inter, à destination de New Delhi, les passagers et l'équipage ☐ un moment de confusion intense. Les passagers ☐ déjà ☐ leur ceinture ; tout ☐ prêt pour le décollage et l'avion roulait sur la piste. Tout à coup, on ☐ des cris et des hurlements émis par ceux qui étaient assis en première classe. Ils ☐ d'apercevoir un rat. Les passagers, qui espéraient quitter Dubaï dans l'après-midi, furent évacués et ☐ attendre le lendemain avant de pouvoir repartir. Ils ☐ ainsi l'occasion de revisiter Dubaï à bord d'un bus que la compagnie aérienne ☐ à leur disposition en apprenant la nouvelle. L'avion ☐ entièrement désinfecté avant de décoller 14 heures plus tard mais... on ne ☐ pas le rat !

Score / 10

RÉVISION GÉNÉRALE

2 Lisez cette lettre puis complétez-la.

Chère Émilie,

Cela fait déjà _____ jours que tu es _____ sans rien dire et je n'ai reçu _____ nouvelle de toi. Je ne comprends pas ton silence. Je continue à penser que l'un et l'autre, nous sommes faits _____ nous entendre même si, _____ jours, on ne se supporte pas... Tous les deux, on a les _____ goûts, on rit des mêmes choses... Tu te _____ quand on s'est connus ? Tu étais allongée sur la plage avec _____ bouquins autour de toi... Moi, je _____ au volley avec des copains et _____, le ballon m'a échappé et tu l'as reçu sur la tête. Tu _____, furieuse, et tu es partie ! Moi, je t'ai suivie, pour m'excuser... et on a commencé à discuter... Tu m'as raconté ton enfance, _____ tu avais passée en Afrique ; moi, je t'ai expliqué l'accident que j'avais eu en 2001... Tu es _____ la meilleure amie que je n'aie _____ eue.... Mais _____ que toi, tu n'es pas de cet avis. Pourquoi ?

Il y a _____ que tu ne peux pas me dire ? Ou que tu ne veux pas me dire ?

J'_____ de tes nouvelles à tes amis, mais la plupart ne savent pas _____ tu es. Tu ne liras sans _____ pas cette lettre, mais au cas où tu la lirais, je te suggère quelque chose : oublie le vase _____ je t'ai jeté à la figure (c'est une manie, chez moi !) et reviens travailler avec moi. ! Chaque instant qui passe, je regrette mon geste ! J'ai perdu la meilleure collaboratrice de ma vie. Reviens, je t'en prie !

Serge

P.S. : J'ai enlevé tous les vases de l'atelier...

Score / 20

Score total / 30

ÉCOUTER

1 Écoutez l'interview et cochez les bonnes réponses.

1) Ceci est une interview…
    a) à des jeunes professionnels. ☐
    b) à des adultes ayant beaucoup d'expérience professionnelle. ☐
    c) à des lycéens. ☐

2) Il y a en tout…
    a) trois personnes. ☐
    b) quatre personnes. ☐
    c) cinq personnes. ☐

3) Ils / Elles parlent…
    a) des difficultés qu'ils ont rencontrées pour trouver un travail. ☐
    b) du travail qu'ils / elles n'aimeraient pas faire. ☐
    c) du travail qu'ils / elles font. ☐

4) Le travail décrit par Stéphane consiste à…
    a) protéger le centre où il travaille contre des attaques terroristes. ☐
    b) prévenir les effets de la radioactivité. ☐
    c) protéger le personnel contre les effets de la radioactivité. ☐

5) En fait, ce n'est pas un travail très dur.
    a) Mais on ne peut pas dormir à cause des alarmes. ☐
    b) On pourrait dormir mais il n'y a pas de lit. ☐
    c) On peut dormir car les alarmes sonnent en cas de problème. ☐

6) Anna a un DUT en industrie alimentaire…
    a) et elle a une expérience de deux ans dans l'industrie alimentaire. ☐
    b) mais… elle n'a jamais travaillé dans cette spécialité. ☐
    c) et elle a travaillé pendant de nombreuses années dans l'industrie alimentaire. ☐

7) Le travail en alternance décrit par Anna consiste à…
    a) travailler pendant trois semaines et aller à l'école pendant deux jours. ☐
    b) aller à l'école deux jours par semaine et travailler les trois autres jours dans l'entreprise. ☐
    c) aller à l'école trois jours par semaine et les deux autres jours travailler dans l'entreprise. ☐

8) Ses projets :
    a) elle pense continuer ses études pour avoir un Bac + 4. ☐
    b) elle veut arrêter ses études pour monter une entreprise tout de suite. ☐
    c) elle pense partir quatre ans à l'étranger. ☐

9) Le problème de Leïla…
    a) est qu'elle ne veut pas rentrer tout de suite dans la vie active. ☐
    b) est qu'elle aime faire des petits boulots. ☐
    c) est qu'elle ne sait pas encore ce qu'elle veut faire comme profession. ☐

Score : / 9